ひとり社長の税金を逃れる方法

How to Avoid Paying Taxes Legally

元国税調査官
大村大次郎
Ohjiro Ohmura

かや書房

はじめに

最近、「ひとり社長」の会社が注目されています。

ひとり社長の会社というのは、社長一人しか従業員がいない会社のことです。会社というのは、社長一人の会社というと、一般の人にはピンと来ないかもしれません。会社というのは、何十人、何百人もの社員が働いているもの、というイメージを持っている方がほとんどでしょう。

でも、日本の大半の会社は社員数名程度の零細企業なのです。社長一人か、社長とその家族だけやっている会社も相当数あります。

そして「ひとり社長」ではほとんどの場合、会社の株主が経営者を兼ねています。

普通、会社というのは、出資した株主と、経営者は別個のものです。株主はお金を出し、経営者を雇います。経営者は株主に雇われて、報酬をもらい、株主の出した資本金を使って会社の経営をするのです。

が、ひとり社長の場合は、自分がお金を出して会社をつくり、そのお金を自分で使って経営をするのです。やっていることは、ほぼ個人事業者と変わりません。

「個人事業者と変わらないのだったら、わざわざ会社をつくる必要はないのじゃないか？」と思う人もいるかもしれません。もちろん、建前から言えばそうです。

会社というのはそもそも、大勢の人から資金を集め、個人ではできないような大きな事業をするためにあるものなのですから。

しかし、会社というのは、そういう目的のためばかりにつくられるものではありません。

会社をつくれば社会的な信用にもなります。そして何より税金が安くなるのです。

昨今では会社は誰でも簡単につくれます。株式会社は資本金1円でもつくれるようになりましたし、株式会社よりも簡便な「合同会社」という手もあります。

本書は、そんな「ひとり社長」に特化した税金対策本です。

ひとり社長の会社は、建前の上では普通の会社と同じですが、普通の会社とは違う様々な特徴があります。

たとえば役員報酬は会社の経費で落とせるので、たくさん払えば会社にとっては税金が安くなるように見えますが、役員報酬には個人の税金がかかってきます。だから、ひとり社長にとって、役員報酬を増やすことは、絶対的な節税にはならないのです。

かといって、役員報酬を削って会社の利益が出てしまうと、これまた税金が高くなってしまいます。ひとり社長の役員報酬の場合、高ければいい、安ければいいというわけではなく、ちょうどいい具合に役員報酬の額を調整しなくてはならないのです。

そういう「ひとり社長の特徴」を踏まえ、ひとり社長にとって本当に実用的な節税となる情報を集めました。

またひとり社長の場合、事業を始めたばかりの人も多く、経理や税金に疎《うと》い人も少なくありません。なので、税金初心者でもわかるように基本的なことも書いています。もし、「そういうことはすで知っている」という人がいれば、その部分は読み飛ばしていただいて構いません。

ななめ読みをしたり、項目の中で興味があるものだけを読んだりしても、必ず役に立つ情報があると、筆者としては自負しています。

ひとり社長の税金を逃れる方法

目次

第1章 手っ取り早く税金を逃れる方法

第2章 家族に給料を分散する 83

第3章 会社の金を自由に使う方法

第４章 交際費を際限なく使う方法

第５章 高級外車で節税しながら蓄財する

装丁／冨田晃司
写真／岩本幸太

序章

ひとり社長のメリットをしゃぶりつくす

ひとり社長と個人事業者はどこが違うのか？

ひとり社長というのは、ざっくり言えばワンオペで会社の事業を行っている人のことです。

自分一人で事業を営んでいる人は、昔からたくさんいました。

よくあるのが、フリーランスで働く人です。

たとえば、筆者のようなフリーライターは、自分一人で事業を営んでいるといえます。デザイナー、イラストレーターや、そのほかにもフリーとして一人で仕事をしている人はたくさんいます。

またフリーランサーではなくても、普通の商売でも一人でやっている人はたくさんいます。商店や飲食店を一人できりもりしている人はいっぱいいますし、最近ではＷＥＢ関係で、一人で商売をされている方も数多くいらっしゃいます。

一人で事業を営んでいる人には、二種類います。

「個人事業者」と「ひとり社長」です。

この個人事業者と、ひとり社長はどこが違うのでしょうか？

会社というのは、要件さえ満たしていれば、誰でもつくることができます。

しかもその要件というのは、「法人登記する」ということだけです。法人登記も、資本金と登記料、役員名簿などを準備すれば、すぐにできます。

資本金も、今ではほとんどゼロでもいいことになっていますので、事実上、登記にかかるお金（登記費用、司法書士への報酬など）だけを用意すれば、会社はつくれるのです。

そして、どんな小さな会社であっても、法人登記さえしていれば、法律上は「会社」ということになります。従業員が何万人もいる大企業であっても、個人でつくったプライベートな会社であっても、同じように、法律的には「会社」という枠組の中に入るのです。

実は、個人事業者と会社の違いは何かというと、法人登記しているかどうかだけなのです。

同じような事業を営んでいても法人登記をしていれば、会社ということになり、法人登記をしていなければ個人事業ということになります。

従業員が一人しかいない小さな事業所であっても、法人登記をしていれば、「会社」ということになりますし、従業員を何百人も抱えている事業所であっても、法人登記をしていなければ個人事業ということなのです。

そして法人登記をしているかいないか、ということだけで、法律上の取り扱いは大きく変わります。

たとえば、税法では法人登記をしていれば「法人税法」の対象となり、法人登記をしていなければ「所得税法」の対象となるのです。法人税と所得税では、税金の計算の仕方がまったく違います。会計のやり方から違ってくるのです。

同じような事業をしていても、法人登記をしているかどうかだけで、払う税金の種類が違ってきますし、税額も全然違ってくるのです。

ひとり社長は「株主」と「経営者」の双方の権利を持つ

会社というのは、原則として、株主と経営者は別個のものです。

株主（投資家）はお金を出し、経営者を雇います。経営者は、会社から報酬をもらって、会社の利益を出すように努力をします。会社の最終的な意思決定権は、株主が握っており、経営者は株主の意向には逆らえません。

その代わり、経営者は、株主に対して、勤労者としての権利を持っています。契約通りの報酬を受け取ったり、福利厚生を受けたりする権利です。つまりは、サラリーマンが会社に対して持っている権利を経営者も持っているのです。

ひとり社長の場合は、自分が株主（出資者）であり、経営者でもあります。だから、株主の権利と経営者の権利の両方を持っているということになります。

会社の最終的な意思決定権を持っているうえに、勤労者としての権利も持っているのです。

株主と経営者が同一であっても、法律の上では、株主と経営者は別個に存在することになっています。だから、ひとり社長は、株主、経営者の両方の権利を持つことができるのです。（図1）

図1

株主と経営者の関係

普通の会社

株　主 → 会社のために資金を提供し、経営者を雇用して会社のために働かせる。経営者に対して最終的な命令権を持つ

経営者 → 株主から雇用され会社の利益を出すために働く。勤労者として会社に対して様々な権利を持つ

ひとり社長の場合

株　主 ＝ **経営者**

社長は会社の最終的な命令権を持ち、意のままに会社を動かせるが、勤労者としての権利も持っている

図2

会社に直接かかる税金

税金の種類	管轄官庁	税額
法人税（資本金1億円以下の会社）	税務署	利益800万以下の部分　利益×15.0% 利益800万円超の部分　利益×23.2%
法人税（資本金1億円超の会社）	税務署	利益×23.2%
地方法人税	税務署	法人税×10.3%
法人事業税	都道府県	利益400万以下の部分　利益×5.0% 利益400万円超の部分　利益×7.3% 利益800万円超の部分　利益×9.6%
法人都道府県民税	都道府県	法人税×1.0%+均等割※1
法人市区町村民税	市区町村	法人税×6.0%+均等割※2

※1 法人都道府県民税の均等割りは従業員、資本金の規模に応じて、2万円から80万円まで。
※2 法人市区町村民税の均等割りは従業員、資本金の規模に応じて5万円から300万円まで。

ひとり社長の会社にかかる税金はだいたい30％

起業に関する本などでは、よく「事業を会社組織にすれば税金が安くなる」というようなことが書かれています。確かに、会社と個人事業者を比べれば、会社のほうがたくさんの節税方法があります。会社は個人事業よりも多様な経費の計上が認められているからです。

しかし、だからといって、会社のほうが確実に税金上、有利かと言えば決してそうではありません。

というのも、会社をつくれば、個人事業者よりも、多くの種類の税金が課せられることになるからです。

会社が負担する税金は、法人税、地方法人税（国）、法人事業税、法人住民税（都道府県）、法人住民税（市区町村）の5つです。（図2）

これらの会社にかかる税金の額は、二つの方法で決まります。

一つは利益に応じて税率が課せられる方法。もう一つは規模に応じて一定の額が課せられる方法（均等割）です。均等割というのは、利益が出ても出なくても必ず払わなくてはならないものです。

この均等割は、もっとも小さい規模の会社（資本金が１０００万円以下、従業員50人以下の会社）であっても、最低７万円程度はかかります。

つまり、会社を持った場合、最低でも７万円程度は税金を払わなければならないのです。個人事業者の税金は、収益が出なければかかってきませんので、この点が大きく違うのです。

また、ひとり社長の会社にかかる税金は、おおむね所得（利益）の30％ということになります（所得が８００万円以下の場合）。だから、ひとり社長の場合、「会社の利益には30％の税金が課せられる」ということを頭に入れておいてください。

ひとり社長は税金を3回払う

図3

ひとり社長が払う税金

- **会社の利益** → 法人税、法人住民税等がかかる
- **自分の報酬** → 所得税、住民税がかかる
- **株からの配当** → 所得税、住民税がかかる

ひとり社長の場合、会社の税金のほかにも、自分の所得税、住民税も払わなければなりません。しかも、社長としての報酬に対する税金だけではなく、株主として配当をもらった場合にも、それにも税金がかかってくるのです。

ひとり社長のほとんどは、経営者が株主を兼ねています。いわゆるオーナー社長というものです。

このオーナー社長の場合も、経営者としての報酬は会社の経費から支払われ、株主には会社の利益から配当という形で支払われます。

そして経営者はその報酬に対して個人としての所得税や住民税などが課せられ、株主への配当には配当所得に対する所得税や住民税が課せられます。

だからオーナー社長の場合は、報酬に対する税金と配当に対する税金が別個にかかってくるということです。

つまり、オーナー社長の立場から見れば、会社の利益に税金

が課せられ、自分の報酬にも税金が課せられ、株の配当金にも税金が課せられるという事になります。（図3）

個人事業者の場合は、事業所得に税金が課せられるだけなので、単純に見れば、ひとり社長のほうが税金が高くなります。

会社をつくって税金を安くするためには、様々な節税方法を駆使することが必要です。そして様々な節税方法を使うには、それなりの知識と手間も必要となります。そして上手に利益の調整をすれば、「会社をつくれば税金は安くなる」ということになります。

しかし、調整に失敗すれば、会社をつくることによって逆に税金が高くなってしまうのです。

会社をつくった場合、設立し、運営するだけで様々な経費がかかります。登記費用などもかかりますし、前述したように会社には個人事業者よりもたくさんの税目が課せられます。

会社の税金の中には、収益の多寡にかかわらず払わなければならない「均等割」の税金もあります。会社というのは、個人事業よりも「固定費」がかかるのです。

しかも会社の経理や税務などは、なかなか経営者が全部自分でやるということはできません。必然的に、税理士などに依頼することが必要となります。もちろん、それには費用がかかります。

だからある程度、事業の規模が大きくないと、元は取れないということになります。

総じて言えば、会社をつくって税金を安くするためには、

- 節税のための手間をかけられること
- それなりの事業規模があること

が求められるといえます。

日本の会社の7割は法人税を払っていない

ここまで、会社を持っても必ずしも税金が安くなるわけではないことをご説明してきたわけですが、それを踏まえたうえでも、ひとり社長には大きな節税メリットがあるのです。

会社の税金でもっとも大きなものは法人税ですが、この法人税をまったく払っていないひとり社長はたくさんいるのです。

会社の税金は、法人税が一番大きく、しかも会社のほかの税金も法人税と連動するようになっています。そして法人税は、企業の所得に応じて課せられます。

この所得というのは、事業でいわれるところの「利益」にあたるものです。利益というのは、基本的に「売上－経費」で算出されます。だから利益が出ていない会社には、法人税は課せられないことになります。

日本の会社全体の7割は、利益が出ていません。だから日本の会社全体の7割は、法人税を払っていないのです。

ひとり社長の多くも、この7割の中に含まれるのです。

個人事業の税金も、基本的には売上から経費を差し引いた額「所得」に対して、税金がかけられます。

ただし、会社の場合、経営者への報酬も経費の中に含めることができるのです。つまり法人（会社）の場合、社長も会社から報酬を受け取っているという建前になります。

個人事業者は、事業の利益はすべて事業者のものという形になり、事業の利益自体に税金が課せられることになります。

しかし会社の場合は、事業の利益からさらに社長本人の報酬を差し引いた残額に対して税金が課せられるということになるのです。

このシステムをうまく使えば、会社は非常に税金を安くすることができるのです。

たとえば、売上が２０００万円で、経費が１５００万円の事業があったとします。利益は５００万円のはずです。

これを個人事業で行ったならば、利益の５００万円がそのまま所得となり、この５００万円に対して所得税がかかってきます。

しかし、同じ事業を会社で行った場合、利益となるはずの５００万円を社長やその家族などに報酬、給料として支給すれば、会社の所得は差し引きゼロになってしまい、会社の税金は無しになるのです。社長やその家族の税金も収入を分散することで、安くできるのです。

またほかにも会社は様々な経費を計上できます。そのため、税金のかかる収入が低く抑えられ、税金が安くなるのです。

事業の経費というと、商品の仕入れ代金や、事務所の維持費などくらいしか思い浮かばない人も多いでしょう。しかし、事業の経費というのは、かなり広範囲に認められているのです。

たとえば、会社の社宅という形にして、マンションを購入することもできます。購入費を会社の経費で落としながら、マンションを入手することができるのです。社用車にしてもしかりです。

ひとり社長の節税メリットというのは、簡単にいえばこういうことです。

税金は費用対効果がない

会社を経営している人にとって、利益を上げることが至上命題となっているかもしれません。

少しでも利益を上げるために、下げたくない頭を下げ、経費を切り詰めるだけ切り詰める。ほとんどの経営者の方は、そういうビジネスライフを送っておられるのではないでしょうか？

しかし、しかし、です。

そうやって苦労に苦労を重ねて稼いだ会社の利益なのに、その4割が税金で持っていかれるのです。こんなバカバカしい話はありません。

税金とは、費用対効果がまったく認められない支出なのです。

「税金は社会のために役に立っているから、回り回って自分のためになっている」という建前になっていますが、それは大きな間違いです。

税金のほとんどは、一部の人間がいいように使っていて、社会のために本当に使われているのはほんの少しです。買い物をしているときに消費税を払っていれば、それで国民としての義務は十分果たしているといっていいでしょう。それ以上の税金を払うことは、無駄以外の何物でもありません。

実際、大企業の経済団体などでも、政治献金はバンバンするけれども、税金は下げろと言っています。つまり大企業にとっては、税金を払うより政治献金のほうが費用対効果は大きいというわけです。

大企業がまともに税金を払おうとしないのに、中小企業が余分に税金を払う必要などどないのです。中小企業は倒産しかけたってだれも助けてくれないのだし、税金を払う金があったら、少しでも蓄えておくべきです。

赤字だと銀行からお金を借りる時にマズイのであれば、銀行からお金が借りられるくらいの税金を払っておけばいいのです。

ひとり社長にとって一番大事な数字とは？

ひとり社長にとってもっとも大事な数字とは、「利益」ではなく、「社長が自由に使えるお金」です。

これは「形式上の利益を残す」のではなく、「実質的な利益を残す」という意味です。

会社といっても、ひとり社長の場合は、最終的には社長が責任を取らなければなりません。大企業のように、倒産しかかったら税金で救済してもらえるようなことはないのです。なとなると、社長は自前で、しっかり経済的基盤を確立しておかなければなりません。なので「社長が自由に使えるお金」が、ひとり社長の事業の中でもっとも大事な数字となるのです。

「社長が自由に使えるお金」と言ったって、会社のお金を社長が独断で使ってしまえ、というわけではありません。

そんなことをしても、後で税務上の誤りを指摘され、多額の税金を取られるだけです。

それは、本当の意味で「社長が自由に使えるお金」ではないのです。

「社長が自由に使えるお金」というのは、後で税金を取られるわけでもなく、本当の意味で完全に自由に使えるお金のことです。「実質的な利益」と言い換えることもできるでしょう。

そのためには、必ずしも会社の利益は出さなくてもいいのです。

会社にお金が残っていなくても、社長にお金が残っていればいいわけです。

つまり、「会社から社長にお金が渡るようにする」。もっといえば「会社から経費として社長にお金を支払う」ということなのです。

具体的にいえば、社長の生活費に関連する費用、これを会社の経費で落とすことができれば、社長の報酬を実質的に増額させたのと同じことになります。

それは公私混同じゃないかと思われる方もいるかもしれません。

確かにそういわれれば、そうです。

しかし、公私混同というのは、なしくずしに会社の経費を私物化してしまうから、咎《とが》を受けるのです。ちゃんと手続きを踏んで、法的に問題ないようにして支出すれば、だれにも文句は言えないのです。

つまりは、合法的に公私混同するということです。

合法的に公私混同しよう

「公私混同」

これは、ひとり社長にとってもっとも美味しい部分でもあり、税務署がもっとも目を光らせている部分でもあります。

だからその取扱いには、十分な注意が必要です。

ひとり社長の会社では、会社は社長の思い通りになるわけですから、「会社の金は俺の金」というようになりがちです。

でも法律上は、あくまで会社の金は会社の金です。使う場合は適正な手順が求められます。ひとり社長の中には、なかなかそれが理解できない人もいます。

たとえば、私が税務調査に行ったとき、こういう会社がありました。

家族で営む資材販売業の会社。会社の事務所は社長の自宅の一室、社員は妻と息子だけです。典型的な家族企業です。

この会社の税務調査で、私は徹底的に領収書を調べました。「私的な費用を会社の経費で落としていないか」ということです。

案の定、面白い領収書が出てきました。

テレビとビデオを購入した領収書で、合計20万円です。

会社の事務所には、テレビもビデオもありません。自室で使っているのは明らかです。

さっそく私は社長を問い詰めました。

私「社長、テレビとビデオを買われていますよね。事務所の中にはないようですが、どこで使っているんです？」

社長「ああ、それは私の部屋で使っています」

私「部屋で？　ですか？　何のために？」

社長「事業の研究とか、いろいろ……」

私「事業の研究ですか……」

もちろん、そんなことは嘘に決まっています。

おそらく、「テレビやビデオも経費で落ちる」などと、業界の仲間などから聞きかじったのでしょう。

でも、テレビやビデオが「無条件で経費として落とせるもの」ではありません。今回の場合は、明らかに私的なものですので、経費では落とせないのです。

ということで私は、切り札を出しました。

私「じゃあ、テレビとビデオがどんな使われ方をしているのか、見せてください」

社長「でも、プライベートな部屋にあるものですので」

私「会社の物が置いてあるんだったら、プライベートな部屋といえども、見せてもらわなくてはなりません」

社長「それはちょっと……」

私「ならば、テレビとビデオは否認しますよ」

社長「わかりました。仕方ありません」

おそらく、この社長、テレビとビデオは、アダルトビデオなどに使っていたんでしょう。だから、私にそれを見られたくなかったのでしょう。

「自分で個人的に使うテレビやビデオの購入費を、会社の経費で落とせるわけがない」

これは当たり前といえば、当たり前の話です。

けれど、一定の条件をクリアすれば、会社の経費で落とすことができるのです。

それは、実はとっても簡単なのです。業務で使うビデオソフトを購入したり、業務に関係のあるテレビ番組を録画したりしておけばいいのです。つまり、「業務で使ってさえいれば」会社の経費で落としても問題ないのです。

もちろん、ただ一、二本のビデオを持っているだけでは、難しいのです。常識的に「会社の業務で使っている」といえるくらいは、完備していないとなりません。

そして基本的に会社の業務で使っているのであれば、多少、会社の業務以外で使っていたとしても問題はないのです。会社の備品を私的に使っているサラリーマンなんかいくらでもいるわけで、そういうことまで税務署はいちいち咎めることはできないのです。

というより、税務署員だって、日中、税務署のパソコンで遊んでいたりするわけです。

この「税務署に公私混同と言わせない方法」は、あらゆる経費について応用が利《き》きます。

たとえば、ケーブルテレビや衛星放送の契約料もそうです。

ケーブルテレビや衛星放送の番組の中に、会社の業務に関係するものがあって、それを見ているのならば、それらは会社の経費で落とすことができるのです。

また新聞や雑誌の購入費だって、そうです。駅の売店で買った暇つぶしの新聞や雑誌であっても、業務に関係することが少しでもあれば、会社の経費で落とすことができるのです。

会社の経費で落とすことのポイントは、「必ず業務で使うこと」です。

業務で使っている事実があれば、税務署は否認できないのです。

「領収書はたくさんあるのだから、少しくらい個人的な支出が入っていたってわからないだろう」

と思って、個人的な費用を会社の経費で落としては、絶対にダメです。税務署は、その点については厳重に見張っています。
そして、そういうものが見つかれば、まったく言い逃れができません
しかし「業務で使っている」というちゃんとした体裁が整えてあれば、よほどのことがない限り、税務署は手出しができないのです。
つまり、簡単にいえば、なし崩しに会社の経費を個人で使ってしまうと否認されるけれど、「会社の業務」という建前をつくっていれば否認されることはない、ということです。

ひとり社長の最大の武器は「福利厚生費」

ひとり社長の税金がどう有利なのか、具体的に言えば「福利厚生費」が使える、ということです。

「福利厚生費」というのは、その名の通り、従業員の福利厚生のための費用です。健康診断などだけではなく、レジャー費用なども広く認められています。大企業は、充実した福利厚生施設を備えていることが多いのですが、それもすべて福利厚生費として経費計上さ

れているのです。

　この福利厚生費は、大企業だけではなく、中小企業や零細企業にも認められています。ひとり社長であっても、大企業と同等の福利厚生費が認められているのです。

　福利厚生費がどれだけ恩恵が大きいかというと、たとえば、映画に行ったときの費用、スポーツジムの会費なども、対象となるのです。また賃貸マンションを会社の借り上げにして、家賃を会社の経費で落とすこともできます。

　うまくやれば、生活関連費用の大半を会社の福利厚生費で賄うことができるのです（詳細は後述）。

　そして、この福利厚生費は、なぜか個人事業者には認められていません。個人事業者が従業員を雇って従業員のために福利厚生費を支出した場合は認められるのですが、個人事業者が自分自身のために福利厚生費を支出した場合は、認められないことが多いのです。

　これは税法上、明確に認められていないわけではないのですが、税務署が税務調査上、認めない傾向にあるのです。税法上、明確に認められていないわけではないので、個人事業者も税務訴訟を起こせば、福利厚生費が認められる可能性がありますが、そこまでできる人は少ないでしょう。

だから、個人で事業をやっている人が、福利厚生費の恩恵を受けるためには、ひとり社長になるのが一番手っ取り早いのです。

税金は難しくない！

「税金は難しい」

と言って、なかなか節税には手を出さないひとり社長は多いのです。

ただただ、通り一遍の経理を行い、それを税理士に提出して、申告書をつくってもらうのです。もちろん、それでは税金は安くなりません。

税金はそれほど難しいものではありません。

税金のかかり方には、2種類しかないのです。

「定額でかかってくるもの」と「定率でかかってくるもの」です。

定額でかかってくるものというのは、たとえば法人住民税の均等割のように、いくら儲かっていようが、一社につきいくらと決められているような税金です。この税金は、自分では絶対動かしようがないのです。この税金は節税のしようがないので、おとなしく諦めて払うしかないのです。

しかし、「定率でかかってくる税金」は自分で動かすことができます。

定率でかかってくるものというのは、法人税のように、自分の所得（利益）に対して税率をかけて算出される税金です。

そして定率でかかってくる税金というのは、必ず税金をかける基準となるものがあります。法人税の場合は、所得（利益）です。

この「基準となる所得」に税率をかけたものが、「支払うべき税金」となるわけです。

税率は自分で変えることはできませんので、税金を安くしようと思えば、「基準となる所得」を減らすことしかないのです。

そして「この基準となる所得」は、どうやって決められるかというと、簡単にいえば「売上－経費」です。

つまりは、「売上－経費」で算出される「利益」をどれだけ少なくできるかが、税金を安くする方法のすべてなのです。

ということは、足し算と引き算さえできれば、税金対策はできるということです。

具体的にいえば、「売上をどうやって少なく計上するか」「経費をどうやって大きく計上するか」、この2点が税金対策の肝《きも》なのです。

節税策というのは、どんなものもこの2点に集約されます。つまりは売上を少なくするための引き算と、経費を上乗せするための足し算ができれば、節税はできるわけです。

税金は、すごく複雑な計算をして算出するように見えますが、実はこんなに単純なんです。

「課税標準」とか「繰越欠損金」とか用語がやたら難しいので、税金は難しく感じますが、本質的にはすごく簡単なのです。

税金初心者には恩恵がたくさんある

「経理は難しい」「税金は面倒」といって、節税のことを何も考えてこなかったひとり社長さんは多いと思われます。

そういう社長には、実は恩恵がたくさんあります。

というのは、節税方法の中には一度だけしか使えないものが数多くあるのです。どういうことか簡単にいえば、節税方法には、最初の効力がもっとも大きいものがたくさんあるのです。

たとえば、貸倒引当金。

詳しくは後ほど述べますがこれは、貸し倒れリスクに備えて、債権の一定割合を引当金にしておくという制度です。実際にお金が出て行ったわけじゃないけれども、経費として計上することができるのです。

引当金は、その年に貸し倒れがなければ、翌年の利益として加算されるので、貸倒引当金が節税策としてもっとも有効になるのは、初めて設定した年度なのです。

また今までの会計方法を変えることによって、税金を安くする方法もあります。

たとえば、ある方法を使って売上計上の締め切り日を、今までよりも一週間早めたとします。そうすれば、一週間分の売上を少なくすることができます。

これも、最初の年は一週間分の売上を少なくできますが、翌年は、その分が加算されるので、もっとも節税効果が高いのは最初の年ということになります。

もちろん、最初だけしか使えない節税策ばかりではありません。が、とにかく節税は「やり始めた年に、もっとも多くの方法」があるのです。

なので、今まで節税したことがない人は、初めて節税することでもっとも大きな利益を得ることができるのです。

節税には「緊急避難型」と「恒久型」がある

節税策には、「緊急避難型」と「恒久型」の2種類があります。

「緊急避難型」というのは、今期の利益を翌期以降の利益に振り替えるなどして、とりあえず当座の税金を少なくするというものです。

たとえば、倒産防止共済などがこれにあたります。

詳しくは後述しますが、倒産防止共済というのは、一定の掛け金を支払っておけば、取引先が倒産したときにまとまった資金融資を得られる、という制度です。この掛け金は、全額、会社の経費で支払うことができます。が、この掛け金は解約したときなど、いつかは収益に加算しなければならないので、言ってみれば「一時的に経費に計上している」だけなのです。

つまり、「緊急避難型」の節税策は、本質的な節税策ではなく、会社の利益を当面先送りしただけ、ということです。

一方、「恒久型」の節税策というのは、本質的な節税であり、すでに完結したものです。たとえば家族従業員への給料の分散などです。

会社の利益を、給料として家族従業員に分散して支給すれば、会社の節税にもなり、経営者の個人所得税の節税にもなります（詳しくは後述）。そして、これは完結した節税策なので、数年後に会社の利益が膨れるようなこともありません。

もちろん、節税策としては「恒久型」の方が優れているといえます。けれども「恒久型」の節税策はある程度準備が必要ですので、期末に慌てて節税しようというときには、使えないことが多いのです。

「緊急避難的節税」といっても、必ずしも後で税金がかかってくるわけではありません。当座の税金を回避しておいて、後でゆっくりと「恒久型」の節税策を施せばいいのです。

第1章
手っ取り早く税金を逃れる方法

期末になっても使える超節税術

この章では、手っ取り早く税金を逃れる方法をご紹介しようと思います。

これは節税策の基本的な知識といったところです。第2章以降は、これの応用編ということになります。

少し経理や税金に詳しい方にとっては、当たり前すぎる内容かもしれません。だから「そんなこと、もう知っているよ」という方は読み飛ばしていただいて構いません。

しかし、ところどころにあまり知られていない節税策、たとえば「債権放棄をせずに貸倒損失を計上する方法」「固定資産を捨てずに帳簿から除却する方法」などを入れておりますので、会計の知識がある方も一応目を通しておかれたほうがいいでしょう。

また、この章は税金初心者の方には、もっとも大切な部分になると思われます。これまで節税策をまったく取ってきていない方にとっては、もっとも手っ取り早くて効率的な節税策が並んでいるはずだからです。

たとえば、前払い費用。詳しくは後ほど述べますが、家賃や保険料を期末に1年分払えば、それを全額経費として認められるというものです。これを使えば、ちょっとした利益ならば、すぐにふっとんでしまいます。

また貸倒引当金など、「知っているようで知らない」「知っているのと知っていないのとでは、まったく違う」というような情報を、簡単に説明しています。

節税というのは、応用力の勝負です。

節税方法というのは、法律で決まったものしか使えません。

それをいかに組み合わせて、効果を大きくするか、というのが勝負の分かれ目なのです。

だからこそ、基本的な知識はしっかり押さえておきたいものです。

といっても、そう堅苦しくやっても疲れますし、適当に余談を挟みながら書いておりますので、まずはひとり社長の節税の第一段階として、さらっとお読みください。

「経営セーフティー共済」は使える！

ひとり社長が、節税する際にまず知っておいていただきたいのが、「経営セーフティー共済（中小企業倒産防止共済制度）」です。

この「経営セーフティー共済」というのは、取引先に不測の事態が起きたときの資金手当てをしてくれる共済です。

簡単にいえば、毎月いくらかのお金を積み立てておいて、もし取引先が倒産とか不渡りを出して、被害を被った場合に、積み立てたお金の10倍まで無利子で貸してくれるという制度です。

積立金は、もし不測の事態が起こらなかった場合は、40カ月以上加入していれば全額解約金として返してもらうこともできます。40カ月未満で解約することもできますが、若干、返還率が悪くなります。

また積立金の95%までは、不測の事態が起こらなくても借り入れることができます。この場合は利子がつきますが、それでも0・9%という低率です（2023年8月現在）。運転資金が足りないときには、この積立金を借りることができます。

つまり、「経営セーフティー共済（中小企業倒産防止共済制度）」というのは倒産防止保険がついた預金のようなものです。金融商品として見ても、非常に有利なものといえます。

国が全額出資している独立行政法人「中小企業基盤整備機構」が運営しているので、この機関自体がつぶれる心配はありません。

そして、この「経営セーフティー共済」の最大の利点は、掛け金が全額経費に計上できるという点です。

経費を使いながら、資産を蓄積できるのです。さらに、一年分の前払いもでき、払った事業年度の経費に入れることができます。なので、儲かった年の期末の税金対策として活用するのです。

経営セーフティー共済は、掛け金の額を５０００円から20万円まで自分で設定できます。最高額の掛け金にして、全額を前払いにすれば、削減できる利益は「２４０万円」となります。

また掛け金は途中で増減することもできます。なので最初のうち、掛け金は、節税のために最高額にしておいて景気が悪くなったら減額する、という手も使えます。

ただし、もし本当に貸し倒れが発生し、借入を行った場合、借入額の10％分の掛金が消滅してしまうので、その点は注意を要します。

●中小企業倒産防止共済制度の概要

加入資格

・1年以上事業を行っている企業。
・従業員300人以下または資本金3億円以下の製造業、建設業、運輸業その他の業種の会社及び個人。
・従業員100人以下または資本金1億円以下の卸売業の会社及び個人。
・従業員100人以下または資本金5000万円以下のサービス業の会社及び個人。
・従業員50人以下または資本金5000万円以下の小売業の会社及び個人。
・ほかに企業組合、協業組合など。

掛金

・毎月の掛金は、5000円から20万円までの範囲内（5000円単位）で自由に選択できる。
・加入後、増・減額ができる（ただし、減額する場合は一定の要件が必要）。

・掛金は、総額が８００万円になるまで積み立てることができる。
・掛金は、税法上損金（法人）または必要経費（個人）に算入できる。

貸付となる条件

加入後６カ月以上経過して、取引先事業者が倒産し、売掛金債権等について回収が困難となった場合。

貸付金額

掛金総額の10倍に相当する額か、回収が困難となった売掛金債権等の額のいずれか少ない額（一共済契約者当たりの貸付残高が８０００万円を超えない範囲）。

貸付期間

５年（据置期間６カ月を含む）の毎月均等償還。

貸付条件

無担保・無保証人・無利子（但し、貸付けを受けた共済金額の１／10に相当する額は、掛金総額から控除されるので、例えば10倍の貸付を受けた場合は、掛金がなくなる）。

一時貸付金の貸付け

加入者は取引先事業者に倒産の事態が生じない場合でも、解約手当金の範囲内で臨時に必要な事業資金の貸付けが受けられる。

加入の申込先、問い合わせ先

中小企業基盤整備機構（中小機構）、金融機関の本支店・商工会連合会・市町村の商工会・商工会議所・中小企業団体中央会など。

家賃や保険料の前払い

ひとり社長が次に覚えておきたい節税策は「前払い」です。

経費の中には、一年分前払いすれば、それが経費と認められる項目がいくつかあるのです。家賃、火災保険料、信用保証料などです。

これらの経費を一年分前払いすれば、当期の経費が増えて、税金を安くすることができるのです。

たとえば、会社の家賃12万円を期末に一年分前払いしたとします。合計１４４万円が、その期の経費に計上できるのです。期末ギリギリになって税金を減らしたいときには、かなり有効な節税策といえます。

ただしこの方法では、一年以上の前払いは経費としては認められません。もし、一年以上の前払いをしていれば、単に1カ月分のみの経費としかできないので要注意です。

また決算期後にこの操作をしても、前払いとは認められないので、くれぐれも決算期前に行うようにしてください。

そして一度この会計処理をすれば、毎年同じ会計処理を行わなくてはなりません。（合理的な理由があれば変更可能）つまり家賃を一年分期末に前払いすれば、翌事業年度も期末に一年分前払いしなければならないのです。翌年は節税でもなんでもなく、単に1年分の家賃が経費に計上されるだけとなります。

だから節税策としては一度しか使えません。典型的な緊急避難型の節税策なのです。

消耗品を買い貯める

思ったよりも利益が出た場合の節税策として、消耗品をたくさん購入するという方法もあります。

消耗品は原則としてその年に使ったものだけが損金となりますが、事務用消耗品、作業用消耗品、包装材料、広告宣伝用印刷物などは、購入した事業年度に損金とできるようになっているのです。

ただし、消耗品を購入した事業年度に損金にするには、次の要件を満たさなければなりません。

①毎月概ね一定数を購入するものであること
②毎年経常的に購入するものであること

③処理方法を継続して適用していること

つまり、期末にあまりにもたくさんの消耗品を購入すれば、不自然な利益調整として、税務署から咎められることもあります。が、通常より少し多い程度ならば、問題ないでしょう。

消耗品については、中小企業が棚卸として計上しているようなケースは私の知る限り、ほとんどありません。その期に購入した分は、すべてその期の経費で落としているのです。それを税務署が否認したケースも、ほとんどありません。

「消耗品なんて、たかが知れている」

というひとり社長さんもいるかもしれません。

でも、チリも積もれば山となるものです。たとえばパソコン関係のサプライをちょっと充実させれば、すぐに数万円、数十万円になるでしょう。ほかにも事務関係、台所関係を見回せば、けっこう消耗品はあるものです。

債権放棄をせずに貸倒損失を計上する

思ったよりも会社の利益があがったときの節税策として、不良債権を処理するという方法があります。

「銀行じゃないんだから、うちには不良債権など無い」と思う人も多いかもしれません。

でも不良債権というのは、多くの企業が持っているものなのです。簡単に言えば、事実上回収不能になっている債権のことです。

売掛金や貸付金の中で、もうほとんど回収の見込みのないものがあれば、それを貸し倒れ処理して、特別損失を計上するのです。

経営者としては、売掛金や貸付金を貸し倒れとして処理するということは、なかなかできにくいことかもしれません。しかし、もう回収の見込みがないのであれば、それを処分してしまって、節税策に使ったほうが有益な場合もあるのです。

また債権放棄はせずに、貸倒損失を計上することもできます。

本来は回収の見込みの無い債権を貸し倒れ計上するには、債務者が債務超過に陥っていたり、会社更生法の適用を受けていたり、などの要件が必要です。

しかし、中小企業の場合は、相手先の決算書を取り寄せるのは難しいし、相手先が会社更生法の適用などを受けている場合も少ないものです。

そこで、法人税法の基本通達では、一定の要件を満たす「事実上、回収不能となった債権」については、貸し倒れ損失が計上できることになっています。

一定の要件というのは、

「売掛金などの返済が滞って、取引を停止した相手が、1年以上、弁済をしていない場合」です（ただし担保がある場合は除きます）。

この場合、備忘価額を計上し、その残額を貸し倒れ処理することになります。備忘価額というのは、債権を持っているという事を忘れないために、帳簿に記しておく金額で、1円でいいことになっています。これは債権放棄ではありません。だから、もし相手の経済事情が好転した場合は、債権を回収することもできるのです。

不良債権を処理することは、企業の健全化にもつながるので、業績がいいときにはぜひ行いたいものです。

貸倒引当金を使いこなそう

会計の世界では、引当金という制度があります。

これは、今現在は費用にはならないのだけれど、将来費用として必要になるだろうというものに対して、一定の金額を企業の中に保留しておくというものです。

たとえば退職給与引当金。

従業員が退職すれば退職金が発生します。普通の会計処理では、経費が発生した年に経費として計上するのが原則なので、退職金の場合も、従業員がやめたときに退職金を全額経費にするという方法にすることになります。しかし、それでは従業員がやめた年だけに経費が膨らんでしまいます。

退職金というのは、従業員が長年勤務したことに対する報奨金です。それを一年間の会計の中で経費として計上するのは無理があります。そのため、従業員一人当たりにつき、年間いくらかずつ退職金の費用として積み立てておくのです。それが退職給与引当金というわけです。

引当金では、有名なものでは次のようなものがあります。

・退職給与引当金
・賞与引当金
・貸倒引当金
・返品調整引当金

しかし残念なことに、日本の税制では引当金が次々と認められなくなり、今も税法で認められているのは、貸倒引当金と返品調整引当金だけなのです。返品調整引当金は、出版業など特別な業種にしか認められていませんから、普通の企業が使える引当金は、貸倒引当金だけなのです。

退職給与引当金も賞与引当金も、昔は認められていましたが、税収不足のため廃止されてしまいました。

引当金というのは、企業にとっては大事な制度なので、廃止したのは非常にまずいことだと筆者は思います。

とにかく税務には引当金という有難い制度があったのだけれど、今は削りに削られて貸倒引当金くらいしか残っていないということです。

貸倒引当金というのは、貸し倒れに備えて、ある程度の金額を費用としてあらかじめ計上しておくというものです。貸し倒れがあった場合はその貸倒引当金から補填し、貸し倒れがなかった場合は、翌期の利益として加算する、という制度です。

貸倒引当金は、期末に残っている債権等に、法定繰入率をかけて算出する方法と、債権の危険度を個別に評価して算出する方法があります。

中小企業の法定繰入率は次のようになっています。

卸売業及び小売業	10／1000
製造業	8／1000
金融及び保険業	3／1000
割賦販売小売業及び割賦購入あっせん業	13／1000

その他　6／1000

引当金は、その期に損金とした分を、翌期には益金に加算しなければなりません。だから、長い目で見ると、損益はそれほど変わりません。

今まで、貸倒引当金を使っていない企業が、初めて使ったときにもっとも節税効果が高いのです。だから、今まで貸倒引当金を使っていなかった企業は、ぜひ使いたいものです。

これは机上の計算だけで、かなり大きな金額を経費として計上できるうえに、実際にはお金は動かない（出て行かない）という、魔法のような節税策なのです。

引当金は、決算が終わった後でも、設定することができるので、決算が終わったあと、予想以上に税金が出たことに気づいたような場合、有効に使いたいものです。

貸倒引当金の対象となる債権とは、次の通りです。

①売掛金、貸付金

②未収の譲渡代金、未収加工料、未収請負金、未収手数料、未収保管料、未収地代家賃等又は未収利子で益金の額に算入されたもの

③立替金
④未収の損害賠償金で益金の額に算入されたもの
⑤保証債務を履行した場合の求償権
⑥売掛金、貸付金などについて取得した受取手形
⑦売掛金、貸付金などについて取得した先日付小切手
⑧延払基準を適用している場合の割賦未収金等

一括評価方式は、これらの総額に法定繰入率をかけたものが貸倒引当金になります。たとえば、期末に債権が2000万円ある小売業の会社では、貸倒引当金は20万円になります。この20万円を、事業の経費（損金）として算入できるのです。

つまり、実際にはお金はまったく出ていないのに、20万円分利益を減らすことができるのです。この20万円は、翌年、貸倒があれば、その補填にあてられることになります。貸倒がなければ、翌年の利益に加算され、翌年の債権残高に応じてあらためて貸倒引当金が設定されます。

貸倒引当金というと、一見、難解な会計用語に見え、会計に疎い人は、この言葉を聞い

ただけで敬遠してしまうかもしれません。でも貸倒引当金の使い方はいたって簡単なので、会計に疎い人でもぜひ活用したいものです。

もし貸倒引当金の処理の方法、申告書の記載方法がわからなければ、税務署で聞けば教えてくれます（その際には、仮の決算書を持って行きましょう）。税務署は、「あなたは貸倒引当金を使えば、節税になる」とは教えてくれません。しかし「貸倒引当金を設定したいので方法を教えて欲しい」と言えば、懇切丁寧に教えてくれるのです。

合法的に売上を先延ばしにしよう

突然ですが、税務署が指摘する企業の課税漏れで、もっとも多いのはどんな種類だと思われるでしょうか？

答えは、売上計上時期の誤りです。

ありていに言えば、本当は今期の売上に計上しなければならないのに、翌期の売上に計上してしまった、というようなものです。

調子のいい会社は、税金を安くするため売上はなるべく少なく計上したい、と思うものです。だから、売上を先延ばししてしまうのです。

しかし、会社の決算というのは、原則として1年ごとに締めなくてはなりません（稀に1年ではない決算期設定をしている会社もあります）。売上は正確に計上しなければ、税務署は黙っていません。

が、合法的に売上を引き延ばす方法もあるのです。一定の手順を踏めば、本当は今期の売上なのに、翌期に伸ばすことができるのです。

売上の計上時期というのは、実はグレーゾーン的なものでもあります。売上計上は何を基準にするかで、変わってくるものだからです。

「相手先に商品（サービス）を出荷したときに計上する方法」

「相手に引き渡したときに計上する方法」

「相手先が商品（サービス）の検収を行ったときに計上する方法」

など、採用する基準によって売上計上時期は微妙に変わってくるのです。

そして売上計上は、「相手が検収したときを基準とする方法」がもっとも遅いのです。

出荷基準であれば、出荷したときに売上に計上しなければなりませんが、検収基準であれば、先方に商品が届き、先方が商品を確認したときに、売上とするからです。

売上計上の基準というのは、その企業の意思に任されています。ということは、出荷基準から検収基準に変えれば、売上計上の時期が少し伸びます、つまり、合法的に期末の売上の一部を翌期にずらすことができるのです。

ただ気をつけなくてはならないのが、計上の基準を変えるには合理的な理由が必要となります。

しかし、これは、「取引相手が検収したときが、売上計上としてはもっとも安全」などと理由をつくっておけば問題ないでしょう。

けれど、一度、売上計上の基準を変えれば、原則として、ずっとその方法で売上を計上しなければなりません。そのため、これも節税策としては、一回しか使えないものです。

10日分の売上を翌期に繰り越す方法

ここで売上を繰り越す裏ワザを一つ紹介しましょう。

普通、売上計上というのは決算期の最後の日で締めるものです。たとえば3月決算の企業だったら、3月31日で締めるものです。

ところが、特定の事業者が一定の手順を踏めば3月20日で売上を締めることもできるのです。つまり、3月21日から31日までの売上は翌期の売上にしてしまうのです。

というのも、その月の売上の請求書を発行するとき、締切日を月末とはせずに、20日や25日にしている企業も多いものです。この締切日を基準にして、期末の売上を算出するという経理方法が、税法では認められているのです。

たとえば、売上の締め切りを毎月20日に行っている3月決算の会社が、3月20日までの売上をその年の売上とし、3月31日から3月31日までの売上は、翌期の分とするのです。

そうすれば、10日分の売上を今期の売上から取り除くことができます。

締切日を基準にして、その期の売上を算出するには、次の要件を満たす必要があります。

①商慣習その他相当の理由があること
②締切日は事業年度終了日以前のおおむね10日以内であること
③毎期継続してこの経理処理を適用すること

この要件を見れば、「月末以前の締切日」が慣習とされてないとまずい、ということです。20日締め切りの場合までは、ギリギリ認められることになります。それ以前、15日締切などでは、アウトとなります。

一旦この経理処理を行えば、原則として毎期継続して行わなければなりません。また、この経理処理を行う場合、売上だけではなく、仕入、経費関係も、締切基準で行わなければなりません。売上だけ、20日で締めて、経費関係は31日で締めのは、やはりおかしいということになります。

売上の経理処理を締切日にするには、税務署に対して特別な手続きは必要ありません。ただし、税務調査が来たときなどには、上記3つの条件に沿って、売上を締切基準に変更した事情などを説明する必要があるでしょう。

固定資産などを修繕する

期末に思った以上に事業の利益が出た場合、固定資産を修繕するという節税策もあります。

固定資産の修繕の場合、修繕費か資本的支出かで、税務当局と見解の相違が起こるケースが度々あります。そこで、修繕費となるか、資本的支出になるか、という点について整理しておきましょう。

修繕費というのは、壊れたり破損したりしたものを「現状回復」するための費用です。

資本的支出というのは、ある資産の補強などをすることで、その資産の価値を高める支出のことです。

修繕費の場合は、全額が支出した年の費用とすることができますが、資本的支出の場合は、減価償却期間の中で、減価償却していかなければなりません。

修繕費と資本的支出で難しい点というのは、建物などを修繕した場合、その資産の価値を高めてしまうケースが多いということです。たとえば、壁の修繕をするときに、壁を張り替えたりすれば、建物自体の価値も高まってしまいます。

修繕費と資本的支出の線引きとして、次のように定められています。

①一回の支出が20万円未満のものは、修繕費か資本的支出かにかかわらず、すべて修繕費となる。
②3年以内の周期で行われるものは、修繕費か資本的支出かにかかわらず、すべて修繕費となる。
③修繕費か資本的支出か明確でない場合、（イ）60万円未満ならばすべて修繕費である（ロ）前期末の取得価額の10％以下の支出はすべて修繕費とする

つまり痛みのある固定資産などを修繕した場合、60万円未満までなら、修繕費としてすべてその年の経費とできます。だから、期末に60万円未満の固定資産の修理を行えば、節税対策になるのです。

また、60万円を越える支出であっても、「現状回復」のみを行ったということが証明できれば、全額が修繕費となります。その場合、「現状がどうだったのか」「修理の内容」などを記録しておく必要があります。

使っていない固定資産などを処分しよう

会社が保有している固定資産の中には、もうほとんど使っていないものも多いものです。

これを思い切って捨てたり、買い替えたりすれば、節税になります。

去年買ったパソコンなどでも、事情によって、まったく使えなかったり、使っていなかったりすることもあります。その場合、パソコンを除却してしまえば、その残存価額は、固定資産除却損として計上できるのです。

たとえば、現在、10万円の残存価額のあるパソコンを5台処分すれば、50万円の固定資産除却損を計上することができます。

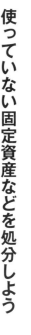

また固定資産の買い換えをした場合は、残存価額と下取り価額の差額が、損金として計上できます。だから買い換えの場合は、下取り額を高くするよりも、その分、新品のほうを安くしてもらったほうが節税になります。

固定資産の残存価額がたくさん残っているものを除却すれば、それだけ節税効果が大きくなります。

ただし、少額資産など、固定資産に該当していない機械などを処分しても、まったく節税にはならないので、注意を要します。

「せっかく購入した固定資産なんだし、まだ使えるものを捨てるのはしのびない」などと思っていても、使わないものは使わないものです。あとで何かの役に立つと思って置いているものって、ほとんど使うことないでしょう?

どうせ使わないものなら、最後に節税アイテムとして使ったほうがいいのです。そうすれば節税分だけの価値はあった、ということになるのです。

廃棄や処分をしなくても固定資産を除却できる「有姿除却」

固定資産を除却したいと思っても、廃棄するのにお金がかかったり手間がかかったりします。

そういう持て余しの不要固定資産には、有姿除却という方法もあります。

「有姿除却」というのは、まだ廃棄や解体はしておらず、現物は残っているのだけれど、「もう使わないもの」として固定資産からはずしてしまうのです。

固定資産残額から処分見込み額を差し引いた金額を、固定資産除却損として計上することができます。

たとえば、100万円の残額がある製造機械（処分見込み額5万円）を有姿除却した場合、100万円引く5万円で95万円が固定資産除却損として、利益から差し引くことができるのです。

ただ、この方法をとる場合には「この固定資産はもう使わない（使えない）」という客観的な証明が必要となります。

どういうものが「この固定資産はもう使わない（使えない）」ことの証明となるかを明示した規則などはないのですが、普通に見て「これは使えないだろう」というような状態でないと有姿除却はできないということです。

この証明をするために、わざと使用不可能な状態にしてしまう、という手もあります。「この機械はもう使えないな」というような状態にしてしまうのです。

税務署員もあまり無茶なことは言いませんので、使えないということが傍目でもわかれば認めるはずです。

10万円未満の固定資産を買いまくる

ひとり社長の節税策として、もっとも手っ取り早いのは、10万円未満の固定資産を買いまくることです。

これはいろんな節税本などにも載っていますので、ご存知の方も多いでしょう。

普通、固定資産（1年以上にわたって使用できるもの）は、購入したときに全部経費にできるわけではなく、耐用年数に応じて減価償却をしなければなりません（詳細は後述）。

しかし、10万円未満のものであれば、買ったその年の経費にできるわけです。

ただ「ものを買うだけ」という節税策なので、誰でもすぐにできます。

だから、期末に思った以上に利益が出ていれば、まずは10万円未満の固定資産で何か買えるものはないか、考えてみてください。

「そう簡単には思い浮かばない」

という方もおられるでしょう。

しかし、ちょっと考えれば、けっこういろいろあるものでしょう？

たとえば、会社の車にまだカーナビがついていなかったら、カーナビをつけたりするのはどうですか？

会社に冷蔵庫がなかったりすれば、この際買っておいたらどうでしょう？　コーヒーセットとかもあったら便利ですし、会社のトイレがウォッシュレットじゃないなら、ウォッシュレットにしておきましょうか？　電子レンジもあるといいでしょう。またソファセットやテーブルなどは、買いたいと思っていてもなかなか買えませんよね？

そういうものを、この機会に買っておくのです。

ただ固定資産を購入するときに気をつけなくてはならないのが、一点一点の品物は10万円を切っていても、セットで使用するものは合計で10万円を超えてはダメということです。

だから、ソファセットなどのようにセットで使用されるものは、一個、一個の値段は10万円未満でも、セットで10万円を超えると、固定資産として計上しなくてはならないのです。ほかに、パソコンとプリンターのセットなども同様です。

青色申告者は30万円未満の固定資産を買いまくれ！

前項では、10万円未満の固定資産を買いまくれば節税になるということをご紹介しましたが、一定の要件を満たす中小企業は、これが10万円ではなく30万円未満の固定資産まで購入することが可能です。

30万円となると、けっこうなものが買えるはずです。それだけ節税の選択肢が広がるということです。

パソコンなど30万円出せば、相当いいものを買えますすし、ソファセットなどもけっこう高級なものが買えます。家電関係はだいたい何でも買うことができるでしょう。場合によっては、バイクなんかも買ってもいいかもしれません（会社の業務で使う場合は）。また中古の軽自動車くらいなら、30万円で買えるかもしれません。

この特例の対象となる「中小企業」の主な要件は、次のようになっています。

・資本金の額又は出資金の額が1億円以下の会社（ただし大企業の子会社は不可）
・資本又は出資を有しない会社の場合は、常時使用する従業員の数が５００人以下の会社
・青色申告をしていること

会社の場合、ほとんどが青色申告をされているでしょうし、この要件であれば、ひとり社長の会社はすべて該当するでしょう。

ただし、この特例の適用となる固定資産の合計額が３００万円を超えたときは、３００万円に達するまでの資産が対象となります。が、ひとり社長の会社が３００万円も経費が削減できれば、相当なものでしょう。もし３００万円満額の固定資産を購入したとなれば、だいたい１２０万円程度の節税になります。

この特例は時限的なもので、現在のところ令和6年3月31日までとなっています。しかし、この特例は今まで何度か期限が来ましたが、ずっと延長されてきているので、今後も延長される可能性はあります。

企業が固定資産をたくさん購入するということは、景気回復にもつながりますし、現行

の税法（10万円以上の固定資産は減価償却しなければならない）はあまりにも厳しすぎます。が、もしかしたら、令和6年で廃止されてしまうかもしれないので、今のうちにしっかり活用したいものです。

この30万円未満の特例を使う場合は、「少額減価償却資産の取得価額に関する明細書」を申告書に添付しなければなりません。手続きの詳細は税務署にお尋ねください。

在庫の評価額を少なくすれば節税になる

企業の会計では、在庫（棚卸資産）という項目があります。実は、この在庫（棚卸資産）の金額はその年の税金に大きく影響してきます。

企業の粗利益というのは、だいたい次の式で算出されます。

売上－経費（仕入など）＋在庫（棚卸資産）＝利益

この図式を見ると、「利益」は売上から経費を引き、それに在庫を足すことで求められることがわかります。

なぜ在庫を足すのかというと、その年の利益というのは、その年の売上からその年の経費を引いたものになるわけです。在庫というのは、その年は売れ残ったものであり、翌年以降の売上に反映するものなので、その年の経費から除外しなければならないのです。

そして在庫の額が小さくなれば、その分利益が少なく計上されます。つまり在庫が少なくなれば、税金も安くなるのです。

この在庫というのは、計算方法がいくつかあり、それによって額が大きく変わってきます。

具体的に、在庫の計算方法（評価方法）についてご説明しましょう。

在庫の評価方法には、「原価法」と「低価法」というのがあります。

在庫を購入した際の価格をそのまま用いるのが「原価法」、現在の時価と原価を比較して、低いほうをとるのが「低価法」です。

どちらの方法を採《と》れば評価額が低くなるかといえば、低価法です。低価法は、原価と時価とを比べて低い方を選択するので、時価と原価とどちらが高くても、有利なのです。

なので、棚卸評価法は低価法を採用するのがベストだといえます。

低価法の具体的な方法

低価法のやり方を具体的に言えば、まず原価法により、原価での在庫額を算出します。そして、時価での在庫額を算出します。その二つを比較して低いほうを在庫の額として計上するのです。

だから手順としては、次のようになります。

低価法の手順

1原価法で在庫額を算出する
　　↓
2時価法で在庫額を算出する

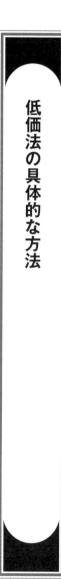

3原価法と時価法を比べて低い方を決める
↓

時価法というのは、現在、仕入れ先などから販売されている価額を基準にすれば、すぐに出すことができます。

そして原価を算出する方法も8つあります。次の通りです。

①個別法
②先入先出法
③後入先出法
④総平均法
⑤移動平均法
⑥単純平均法
⑦最終仕入原価法
⑧売価還元法

事業者は、この8種類の中で、自分（自社）にもっとも有利なものを選択することができるのです。その上で、時価と比較し、低いほうを採ることができるのです。

低価法を選択するには、事業年度が始まるまでに管轄の税務署長に届け出を出す必要があります。最終仕入原価法での原価法よりも、低価法を選択したほうが有利なので、ぜひ届け出を出しておきたいものです。

評価方法を税務署長に届け出ていない場合は、最終仕入原価法での原価法で在庫の評価をすることになっています。この最終仕入原価法というのは、その事業年度の最後に仕入れた価額を元に、在庫の評価を行うという方法です。

在庫額を低くする裏ワザ

在庫額を少なく計上するための裏ワザ的な方法として、「在庫の評価損」を計上するという方法もあります。

在庫（棚卸）評価損というのは、在庫商品や在庫原料などの現実の価値が、帳簿上の価値よりも明らかに下落している場合に、その差額を「損」として計上するというものです。

評価損が計上できる主な要件は次表のとおりです。

在庫の評価損が計上できる主な要件

・いわゆる季節商品が売れ残ったもので、これまでの値段では販売できないことが実績などから明らかなもの。

・新しい商品が販売されたために、型落ち、流行遅れとなって、これまでの販売ができなくなったもの

・型崩れ、たなざらし、破損などで商品価値が劣化したもの

これらの条件には、実はいずれも明確な基準がありません。

国税庁の通達では、「単なる過剰生産、建値の変更だけでは評価損は計上できない」とされていますが、ではどの程度で「単なる過剰生産、建値の変更」を超えるのか、という線引きについては明示していません。

となると、こういう場合の経理処理は、納税者側がまず判断し、その判断が明確に間違っているときにのみ、国税側が指導修正するということになります。

なので、納税者側は最初から遠慮する必要はないのです。

過去の実績から見て、季節はずれなどで「明らかに今までの値段では販売できない」というような場合は、積極的にこの棚卸評価損を試みるべきだと筆者は考えます。

国税側がこれを修正する場合は、よほど明確な証拠がなければできないものです。だから、納税者側は、自分で条件に合致していると思えば、どんどんこの方法を使うべきだといえます。

型落ちや流行遅れの商品をため込んでしまっている場合、いっそ廃棄や下取りに出すという手もあります。そうすれば、大きな節税効果があります。商品を廃棄するのは損をするような気もしますが、今後、絶対に売れないものをため込んでも仕方がないのです。

第2章

家族に給料を分散する

ひとり社長の最適な「役員報酬額」とは?

ひとり社長の会社の経理で、自分への役員報酬は需要な位置を占めます。

この役員報酬をどうするかで決算書はまったく変わってきますし、必然的に会社の納税額にも大きく影響してきます。

役員報酬は会社の経費で落とすことができます。その一方で役員報酬は、社長個人にとっては「給与所得」になるので、所得税、住民税が課せられます。さらに給与所得には、社会保険も課せられます。サラリーマンの社会保険は、会社と本人が半分ずつ負担することになっていますが、ひとり社長の場合、「会社＝自分」なので、社会保険は事実上、すべて自分が負担することになります。

ひとり社長の場合、ぶっちゃけ、会社の税金も個人の税金も、自分が払うことには変わりありませんので、会社の税金を下げるだけではなく、自分個人の税金も下げる必要があります。だから、ひとり社長の報酬はなるべく安くしたほうがいいということになります。

かといって、ひとり社長の報酬はただ下げればいいのかというと、そうでもありません。報酬が少ないと、将来の年金の額にも影響してくるからです。

それに、ひとり社長の報酬を下げても、会社の利益が出てしまえば、会社に税金がかかってしまいます。つまりは、役員報酬を少なくして利益が出ると会社に税金がかかり、役員報酬を多くすれば、社長個人の税金が増えるということになります。

では役員報酬は、一体どの程度の額にすればいいのでしょうか？

まず、会社の所得に対する税金を整理しておきましょう。

序章で述べましたように、会社の所得（利益）に対しては、だいたい30％の税金が課されます（所得が８００万円以下の場合）。会社の所得が８００万円以上になると、だいたい30～40％の税率で税金がかかることになります。

次に、役員報酬に対して、社長個人の税金がどのくらいかかるかをチェックしてみましょう。

社長の役員報酬は、税法の所得区分では「給与所得」ということになります。給与所得は、もらった額がそのまま課税対象になるのではなく、給与所得控除というものが受けられます。この給与所得控除は、図４の表の通りです。

たとえば、報酬額が500万円だった場合、156万円の給与所得控除が受けられます。だから、500万円－156万円で、344万円が課税される給与所得となります。このほかにも、基礎控除や社会保険料控除などがありますので、普通の人でだいたい100万円程度が控除されます。

344万円－100万円＝244万円

この244万円が課税される所得ということになり、これに税率をかけたものが所得税になります。

244万円の所得に対してかけられる所得税の税率は10%であり、さらに9万7500円の控除額があります。

244万円×10%－9万7500円＝14万6500円

つまり、報酬500万円の場合、だいたい14万6500円程度の所得税がかかるのです。

住民税は、おおむね課税所得額の10％なので、合わせて24万４０００円程度です。

所得税、住民税と合わせて、だいたい40万円程度となります。

報酬が５００万円で、税金が40万円であれば、税率としては８％です。

だから、会社に利益を残せば30％の税金が課せられることを考えれば、その利益を報酬としてもらった方が断然、安いということになります。

図4

役員報酬の額	給与所得控除額
1,625,000円まで	550,000円
1,625,001円から1,800,000円まで	収入金額×40%-100,000円
1,800,001円から3,600,000円まで	収入金額×30%+80,000円
3,600,001円から6,600,000円まで	収入金額×20%+440,000円
6,600,001円から8,500,000円まで	収入金額×10%+1,100,000円
8,500,001円以上	1,950,000円(上限)

所得税の税率

課税される所得金額	税　率	控除額
1,000円 から 1,949,000円まで	5%	0円
1,950,000円 から 3,299,000円まで	10%	97,500円
3,300,000円 から 6,949,000円まで	20%	427,500円
6,950,000円 から 8,999,000円まで	23%	636,000円
9,000,000円 から 17,999,000円まで	33%	1,536,000円
18,000,000円 から 39,999,000円まで	40%	2,796,000円
40,000,000円 以上	45%	4,796,000円

ひとり社長の報酬適正値は500万円？

前項では、ひとり社長の報酬が500万円の場合、個人の税率は8%程度なので、会社に利益を残すより、報酬として支払ったほうが税金は安くなるという事をお話ししました。が、ひとり社長の場合、個人の税金だけではなく、社会保険料も考慮しなければ本当の損得は見えてきません。

会社を持った場合、原則として、会社を通して社会保険に加入しなければなりません。個人事業者の場合は、年金は「国民年金」、健康保険は「国民健康保険」に加入することになっています。が、ひとり社長の場合、年金は「厚生年金」、健康保険は「健康保険」に加入することになるのです。サラリーマンをしていても厚生年金と健康保険に加入していたはずですが、会社経営者になってもそれは同じになるのです。

厚生年金と健康保険の保険料は、都道府県によって若干違いがあります。東京の場合は、以下のようになっています。

厚生年金　18・3%

健康保険　40歳以上65歳未満…11・45%　　それ以外…9・81%

厚生年金と健康保険を合わせると、だいたい30%です。サラリーマンの場合はこの保険料を、会社と折半するので、保険料はこの半分でいいのです。

しかし、ひとり社長の場合、自分の分も会社の分も結局は自分の事業の中で支払うことになります。なので実質的には、この保険料をまるまる自分で負担することになるのです。

この社会保険料を含めると、役員報酬を500万円もらった場合、

税金8%+社会保険料30%=38%

となり、会社の利益に課される税金30%を超えてしまいます。

ただ社会保険料の場合は、自分の将来の年金の原資となるわけですから、必ずしも安ければいいというわけではありません。また会社に利益を残した場合、税金が30%課される

だけではなく、その利益を配当した場合に、さらに約20％の税金が課されます。

それらのことを考慮した場合、だいたい５００万円が境目ということになるでしょう。役員報酬が５００万円を超えると、役員報酬ではなく会社の利益として計上したほうが安くなってしまう、ということです。

ただこれは厳密な金額ではなく、扶養家族の数などで変わってくるので、「個人差」があります。なので報酬５００万円というのは、一つの目安にしておいてください。

社長の報酬が５００万円というと、何か少ない感じもありますが、接待交際費は８００万円も使えるのですし、ほかにも福利厚生費などで生活関連費用を賄えば、その報酬をはるかに超える生活ができるのです（詳細は後述）。

役員報酬は期中に上げられない

ひとり社長の役員報酬を決める際に、注意しなければならないのは、「役員報酬を期中に増額したり、ボーナスを出したりすることはできない」ということです。

ひとり社長の場合、法的には「会社」なのですから、経営者といえども会社から雇われているという形になっています。

「株主」「経営者」「会社」というのは、法律の上では別のものとして取り扱われます。自分が株主で自分が経営している会社であっても、「株主」「会社」「経営者」というのはまったく別のものという建前があるのです。

株主が資金を出して会社をつくり、会社は経営者を雇って経営をさせるということです。だから経営者の報酬というのは、会社の利益とは関係なく、会社から決まった額が支払われることになります。

この点が個人事業者と大きく違うところです。個人事業者の場合は、事業の利益はすなわち個人の所得ということになります。が、会社の場合は、会社の利益はあくまで会社のものであり、経営者の報酬とは別のものとして取り扱われるのです。

会社の経営者や役員の報酬というのは、原則として会社の経費で支払われることになります。

そして、その報酬の額はあらかじめ決められた額しか出すことができません。経営者や役員の報酬は、株主総会などであらかじめ決められて、それ以上の額を出すことは原則としてできないのです。

だから、会社の経営者や役員は会社が儲かったからといって、自分の報酬を増やすことはないのです。

会社の利益が出たときにボーナスとして経営者に報酬が支払われることもありますが、それは法人税法上、損金経理（経費計上）ができません。つまり、経営者や役員のボーナスは、会社に利益が出て税金も払った後、その残額から支払われるという形になるのです。

会社の利益というのは、経営者のものではなく、株主のものという建前になっています。だから、経営者が勝手に自分のものにするわけにはいかないのです。

中小企業の経営者は「会社になるべくお金を残したい」と考えて、役員報酬もできるだけ低くしてしまいがちです。ひとり社長の報酬の目安として「５００万円」という額を前述しましたが、これよりも低い額にしたいという社長さんもいると思われます。

しかし、役員報酬を少なめにするというのは大きな間違いなのです。

というのは、役員報酬を低くした場合、もし思ったよりも会社の業績が良かったときには、大きな利益が出てしまいます。大きな利益が出れば、実質30％もの税金がかかってしまいます。

だからといって、利益が出たときにそれをボーナスで支給することはできません。経営者としては、業績がいいときはボーナスをもらいたいところですが、税法では役員報酬はあらかじめ決められた額しか払うことができないのです。ボーナスも出せることは出せるのですが、利益が出た分をそのままボーナスで支給すると、そのボーナスは会社の経費（損金）にできないので、かえって税金が高くなるのです。

また、役員報酬は、年度の途中で上げることもできません。

「今年は景気がいいので、役員報酬を上げよう」

などということはできないのです。

・役員報酬は、一旦決めると下げられない
・役員報酬を少なめにしていれば、思ったよりも儲かった年はまともに税金がかかってくる

つまり、そういうことなのです。

だから、役員報酬は少なめに設定するのは得策ではないのです。

「役員報酬を多めにしていて、払えなくなったらどうする？」

と思った社長さんもおられるでしょう。

その場合、役員報酬を下げるか、未払い金にしておけばいいのです。

役員報酬は、年度の途中で上げることはできませんが、下げることはできるのです。だって、役員報酬を下げることができなかったら、業績が急に悪化した企業などは持ちこたえられないでしょう？

業績が悪化したときに、経営者の報酬を下げるというのは、企業としては当たり前の施策なのです。

社長にもボーナスが出せる

役員にはボーナスが実質的に出せない、と前述しましたが、一定の手順を踏めばボーナスを出すこともできます。

一定の手順というのは、事前に支給額を届けておくのです。

事前に支給時期、支払い金額を記入した届け出書を出していれば、役員にボーナスを出しても、経費として認められるというわけです。

「事前に届け出をしなくちゃならないんだったら、業績がいいときにボーナスを出すことはできないいんじゃないか？」

と思われる社長さんもいることでしょう。

確かに、従業員のボーナスのように、業績に合わせた金額を支払うということはできません。

でも、この制度も使いようなのです。

この役員のボーナスは、会社の業績によって増額することはできませんが、減額することはできるのです。

もし思ったより業績が悪く、決められた額のボーナスが支払えなくなったような場合は、変更届を出して減額することができます。ただし、変更届を出さずに減額すれば全額が損金不算入になりますので、注意を要します。

減額の変更届を出す場合には、若干の条件があります。その条件とは簡単に言えば、次のようになります。

・業績が悪化し、株主などに対して申し訳が立たず、ボーナスの減額をせざるを得ない場合
・銀行などの借り入れに際して、ボーナスの減額をせざるを得ない場合
・業績の悪化で、取引先などに迷惑をかける恐れがあり、ボーナスの減額をせざるを得ない場合

つまり、資金繰りが悪化してボーナスが払えないときにまで、払う必要はないということです。

ということは、会社の業績がマックスのときを基準にしてボーナスを定めておき、業績が悪ければ、それを理由にして減額したり、不支給ににしたりすればいいのです。

プロ野球選手でも、最近ときどきありますよね？

一定以上の成績を残せばボーナスがもらえるという契約。それと、同じようなものです。

こういうふうにすれば、役員のボーナスが、会社の利益調整弁として使えることになります。

「小規模企業共済」で社長個人の所得税も少なくする

ここで、社長個人の税金を安くする方法を一つご紹介しておきましょう。

それは小規模企業共済を使った方法です。（図5）

小規模企業共済というのは、中小企業の経営者が毎月お金を積み立てて、退職時や事業をやめたときに、退職金の代わりに支払われるという制度です。

従業員が常時20人以下（商業、サービス業は5人以下）の会社役員、個人事業主ならばだれでも加入できます。

この制度の何が節税になるか、というと、支払ったお金が全額、所得から控除されるのです。

最高月7万円まで掛けることができますので、年間84万円。これが全額、所得から差し引けるのです。

小規模事業共済では、掛け金の範囲内で融資も行っています。だからお金が足りなくなっ

小規模企業共済の概要

図5

加入資格

・建設業、製造業、運輸業、不動産業、農業などを営む場合は、常時使用する従業員の数が20人以下の個人事業主または法人（会社など）の役員

・商業（卸売業・小売業）、サービス業を営む場合は、常時使用する従業員の数が5人以下の個人事業主または法人（会社など）の役員

・事業に従事する組合員の数が20人以下の企業組合の役員や常時使用する従業員の数が20人以下の協業組合の役員

・常時使用する従業員の数が20人以下であって、農業の経営を主として行っている農事組合法人の役員

・常時使用する従業員の数が5人以下の弁護士法人、税理士法人などの士業法人の社員

上記1、2に該当する個人事業主が営む事業の経営に携わる共同経営者（個人事業主1人につき2人まで）

掛金

・毎月の掛金は、1,000円から70,000円までの範囲内（500円単位）で自由に選択できる。

・加入後、増・減額ができる（ただし、減額する場合は一定の要件が必要）。

・掛金は、全額が所得税の所得控除の対象となる。

一時貸付金の貸付け

加入者は掛け金の範囲内で借り入れを行うことができる。

加入の申込先、問い合わせ先

独立行政法人「中小企業基盤整備機構」、金融機関の本支店・商工会連合会・市町村の商工会・商工会議所・中小企業団体中央会など

たら、借りることもできるのです。

積立金の受け取りは、原則として、事業をやめたときか退職したときですが、解約もできます。ただし、その場合は、受取金は若干少なくなります。

家族を会社に入れておこう

中小企業でもっとも手っとり早く、効果のある節税の仕込み（準備）は、身内を会社の中に入れることです。

役員や従業員として、妻子や親兄弟を会社の一員にしておくのです。

身内を役員や従業員にすると、通常の節税にもなるし、利益が急に増えたときの緊急の節税にもなるのです。

日本の所得税は累進課税になっており、所得が大きい人のほうが税率が高くなるという仕組みになっています。だから所得（給料や報酬）は、1人でたくさんもらうより、家族で分散したほうが、全体の税金を安くすることができます。

たとえば、1000万円の所得を経営者1人の報酬として受け取った場合と、家族4人に分散した場合を比較してみましょう。1000万円を1人でもらった場合、所得税だけで100万円以上はかかります。住民税を合わせると、150万円以上になります。

しかし、1000万円を経営者が400万円、妻が300万円、両親などの親族が150万円ずつ報酬や給料として受け取った場合は、所得税、住民税を合わせても、だいたい50万円以下で済みます。

実際に、このような節税策を施している会社はいくらでもあります。

筆者の税務署員時代にも、こういう節税策をしている会社をいくらでも見ました。実質的には1000万円以上の収入があるのに、払っている税金は薄給の私よりも少ないというような。当時は癪《しゃく》にさわることではありましたが、節税策としてはまっとうなものであり、税務署としても文句は言えなかったのです。

家族の場合は、従業員としても使いやすいのです。ちょっとした仕事があれば社員にできるし、信頼関係もありますからね。給料が払えなくなれば、簡単に給料を下げることができるし、やめさせることもできます。

また、会社が急に儲かって、このままでは多額の税金が課せられるというときに、社員になっている家族にボーナスを払って会社の利益を吐き出すことができます。

家族は、業務の上でも、節税の上でも使いやすいということです。

税務署が文句を言えない家族への給料額

家族が会社の役員や社員をしていた場合、いくつか注意しなければならない点があります。

第一に、ちゃんと仕事をしているかどうか、ということです。何も仕事をしていないのに給料を払っていれば、それは不当に所得を分散したと税務署にみなされる恐れがあります。普通に考えても、「仕事をしていないのに給料を出していれば、それはおかしい」ということになりますからね。

しかし、なんらかの仕事をしている形跡があり、そう高くない給料ならば、税務署はそう目くじらを立てることはありません。

たとえば、自分の母親が1日1回、会社に来て掃除とか簡単な整理をしてくれる。それで毎月20万円の給料を払っていても、咎められることではないでしょう。もしこれを派遣社員にやってもらおうと思えば、その程度の報酬は出さないとならないはずですから。もちろん、これが月50万円とかならば問題視されるでしょうが。

簡単にいえば、世間相場からあまりにかけ離れた待遇をするのはまずいということです。世間並みよりも、若干待遇がいい、というような程度ならば、税務署も文句は言えないのです。そういう企業はいくらでもあります。

それと、会社の中に家族以外の社員がいる場合は、さらに注意が必要です。家族以外の社員と比べて、明らかに待遇が違う場合は、問題とされるからです。

たとえば、同じような仕事をしているのに、家族社員だけ給料は非常に高かったり、家族社員だけにボーナスが出たりする、などという場合は、まずいでしょう。また福利厚生などで家族だけが優遇されているというのも問題となります。

会社の中で、社員が家族しかいなければ、比較の対象がありませんから、ほかの社員との兼ね合いは気にしなくても構いません。が、家族以外の社員がいる場合は、「客観的に見て妥当な待遇」ということを考えなければなりません。これは税法上のみならず、会社内の士気という点でも、配慮が必要なことです。

社長の妻（もしくは夫）は役員とみなされることもある

前項までで、自分の身内を会社の従業員にしていれば、節税になるということを述べました。

が、身内を従業員にした場合、条件によっては役員とみなされる場合もあります。役員にみなされると「儲かった年にその人にボーナスを払って会社の利益を減らす」という手が使えなくなります。

なので、どういうときに役員とみなされるか、ということをここでチェックしておきましょう。

第一の条件として、会社の使用人ではないけれど、会社の経営に従事している人は、役員とみなされます。具体的にいえば、相談役、顧問などの名称で経営に実質的に携わっている人のことです。

次に使用人（従業員）の場合、その人の持ち株が次の条件をすべて満たし、なおかつ経営にタッチしている場合は、「みなし役員」となります。
・その人の持ち株割合（配偶者分含む）が5％を超えている
・その人の同族グループ（血族6親等、姻族3親等以内）で持ち株割合が10％を超えている。
・同族グループ3位までの持ち株割合が50％を超えている

だから、株の100％を持っているオーナー社長の奥さんは、株の保有条件では「みなし役員」ということになります。そして、経営にタッチしているかどうか、というのが、具体的な線引きがないのです。

国税側では、だいたい「経理をしていればアウト」というような考え方をしているようです。つまり、奥さんが経理をしているのなら、会社の経営に携わっている（＝みなし役員）と考えるということです。

国税の考え方は絶対ではありませんが、税務の現場ではだいたいこの考え方が取り入れられているようです。

なので大まかな考え方として、「奥さんが帳簿を触っていたら奥さんに賞与は出せない」といえます。

“非常勤役員”を使いこなそう

会社に身内を入れれば節税になるといっても、従業員や役員になるには、ただ名義を貸すだけというわけにはいきませんから、制約もあるでしょう。

家族は皆、別に仕事を持っていたり、遠方にいたりして、役員や従業員にすることはできないようなこともありますからね。

その場合は、非常勤役員にするという手もあります。

非常勤役員というのは、会社に関する助言を与えたり、いざというときに交渉その他をしたりするための役員です。

非常勤役員は、定期的に出社する必要はありませんし、これといった業務をしていなくても大丈夫です。だから、非常勤役員にするための条件は、普通の役員や従業員よりも、かなりハードルが低いといえます。

ただし非常勤役員の場合も、家族を従業員にしたときと同様、まったく会社の経営に関与していないのであれば、税務署からお咎めを受けることもあります。

でも、時折、会社に対して助言を与えたりしていれば、税務署がそれを否認するのは難しいのです。ほとんどの非常勤役員は、そういう仕事しかしていませんからね。なので非常勤役員の行った業務、助言の類などの記録は残しておくといいでしょう。

非常勤役員の報酬は、中小企業の場合、月10万円から20万円くらいまでなら大丈夫でしょう。規模が大きい会社、利益の多い会社は、もっと払ってもいいですが、それも世間相場と見比べなければなりません。

非常勤役員でも、監査役などにすれば、けっこう高い報酬を払っても大丈夫です。もちろん経営者よりも多く払っていたりすれば問題ですが、経営者の半分くらいまでは問題ないといえます。

監査役になるには、会計士などの資格が別にいるわけではありません。だれでもなることができます。

社長が会社に残ったまま退職金をもらう方法

思った以上に利益が出てしまい、このままでは莫大な税金を払わなければならなくなる、という状況のとき、即時に大きな額の利益を消せる方法があります。

それは会社の役員の役職を解き、退職金を払うという方法です。

会社を辞めさせるわけではありません。役職だけを解くのです。

たとえば、社長を退任させ、社長業に対する退職金を払います。ひとり社長の場合は、自分が退任し、息子や身内などに後を継がせるのです。

といっても、仕事をやめてしまわなくてもいいのです。

社長はそのまま役員として会社に残ることもできます。社長が退任すれば、どんな小さな会社でも、数千万単位の退職金を払えます。

天下り官僚は、公益法人などの理事を数年勤めて多額の退職金を手にするということがよくありますが、その方法を利用するのです。

退職金というのは、通常の所得よりも安い税金になるために、社長個人にとっても税負担はそれほど大きくありません。

ひとり社長の場合、ほとんどが株主も兼ねたオーナー社長なので、社長という肩書きがはずれたところで、筆頭株主であることに代わりはないのです。会社の経営権を手放すわけではないのです。実際に日本の企業では、社長を退任した後、会長などとして会社に影響力を残している経営者はいくらでもいます。それは、大企業でも同じです。

ただしこの方法にはいくつかの注意点があります。

まず役職を解く前と解いた後では、明確に職務内容が変わっていなければならない、ということです。職務内容が変わらずに役職だけを解いても、「実質的には変わりはない」として、退職金を否認される可能性がありますので。

それと、設立して数年程度の企業では、退職金をあまり大きくすると過大報酬とされることがあります。やはりたった数年では、多額の退職金は出せないのです。

10年以上続いているような企業で、偶発的な要因で、当期だけ莫大な利益を挙げたようなときには、効果的な節税策だといえます。

また、二世がすでに会社の中心になっているような会社では、利益が上がったときに社長を交代するというのは、世代交代をスムーズに行うという面でもメリットがあります。

非常勤役員を退職させて退職金を払う

前項では、社長がその役を退職することで節税する方法を紹介しましたが、社長をやめることには抵抗がある、という方も多いでしょう。

そういう会社の場合、前項とよく似た節税方法で、「非常勤役員を退職させ、その退職金を払うことで節税する」という方法があります。

前述したように非常勤役員というのは、常勤じゃない役員ですので会社にはあまり来ませんし、これといった業務もしていないことがほとんどです。そういう「あまり必要でない非常勤役員」を退職させるわけです。

しかも非常勤役員の退職金もそれなりの額（数千万円程度）は出すことができるので、かなりの節税となります。

ただし非常勤役員の退職金は、日ごろの報酬の額に比例します。年間報酬１０００万円くらいだったならば、数千万円の退職金を払うことも可能です。が、年1000万円など、ほんの形ばかりの報酬だった場合は、退職金もそう多くは出せません。

それでも一応、退職金ですから、それなりの額になりますし、節税効果も大きいわけです。1000万円規模の節税がしたい場合には、有効な手段だと思われます。

会社に非常勤役員を置いておくことは、そういう面でメリットがあることなのです。非常勤役員は、給料の分散にもなり、常日頃の節税策としても使えるのです。だから、会社をつくったときに家族や親族など近しい人を自社の非常勤役員にしておいておきましょう。

そして、一人の非常勤役員を退職させた後は、ほかの人をまた非常勤役員にしておきます。これは、今後の節税のためです。

親子何代か続いている企業などでは、引退した先代は必ず非常勤役員に据えておきましょう。まったく仕事をやめてしまい会長職もやめるというときでも、非常勤役員の地位には据えておいた方がいいです。経営上も節税上も、いざというときに頼りになります。

社員を役員に引き上げて退職金を払う方法

前項では役員を退職させたり、役職を解いたりして、退職金を払うという節税方法を紹介しました。

「役員は解職させられない」

「うちは非常勤役員など置いていない」

という会社も多いでしょう。

中小企業で、社長を退職させたり、役職を解いたりすることはけっこう大変なことです。

しかし誰も退職させずに、退職金を払うという裏ワザも実は存在します。

これは、社員（役員ではない）のだれかを役員に昇格させることで退職金を払う、というものです。

「役員に昇格した人に退職金を払う⁉　そんな馬鹿なことができるわけがないじゃないか！」

普通の人はそう考えるでしょう。

でも、これは本当に可能なんです。

この方法の理屈は次の通りです。

普通の社員が役員に昇格します。社員と役員では、報酬の条件や勤務内容が変わるので、「社員としての勤務は終了した」として退職金を払うのです。

だから、自分の妻や子供、身内などを会社に入れている場合、その人を役員に引き上げ、社員として働いていた時の退職金を払うのです。

実際にこういうことを行う企業はけっこうあります。

国税当局は「退職金としては認められない」として、税務訴訟にまで発展したケースもありますが、今のところ役員昇格後に勤務内容、労働条件に大きな変動がある場合は、退職金として認められるという判決が出ています。

役員と社員では、建て前の上では立場はまったく違いますからね。社員は会社から雇われている立場ですが、役員は雇う側の立場であり、業務内容も報酬形態もまったく違います。

役員に昇格するとき、社員としては退職し、役員として会社に入る、という考え方は不自然なことではないといえます。

社員を役員に引き上げて退職金を払うときの注意

前項では、社員を役員に昇格させることで、退職金を払うという方法をご紹介しました。

これは、中小企業にとって、非常に有効な節税方法です。

ひとり社長の命題の一つとして「自分や身内にお金を残す」ということが挙げられますが、「身内にお金を残す」場合に、この方法は非常に効果があるのです。

たとえば、息子さんを社員にしていて、そのうち跡を継がせようと思っているような会社では、大きな利益が出たときに、息子さんを役員に格上げする、そして退職金を支払うのです。

これは、会社にとっても節税になりますが、息子さんにとっても節税になります。退職金は、普通の給料よりも税金が非常に安く設定されています。だから、給料やボーナスで多額のお金をもらうより、退職金でもらったほうが得なわけです。

もちろん息子さんに限ったことではなく、役員になる可能性のある社員全般に言えることです。

ただし、この方法には注意点がいくつかあります。

まず役員に昇格したときに、職務内容や待遇が大きく変わらなければならないということです。これは「若干、変わった」というようなものではダメで、明確に変わる必要があります。役員に昇格しても、社員のときとほとんど変わらなければ「節税のための表面的な昇格」という判断をされてしまいますからね。そのためには、何がどう変わったのかをきちんと書面に残す必要があります。

それと、もしかしたら国税はまだこの件に関して不承知かもしれず、争いとなる可能性がなきにしもあらず、という状態です。

だから、この方法を採り入れる場合は、あくまで自己責任でやっていただきたい、ということです。まあ、裁判所で一度、認められていますので、国税も正面から異を唱えることはないと思われます。ただ、役員としての条件などに文句をつけてくる恐れはあります。なので、くれぐれも、職務内容と待遇は明確に変化させることです。

妥当な退職金の額

これまで、非常勤役員を退職させたり、役職を解いたり、役員に昇格させたりして、退職金を出せば大きな節税になる、ということを述べてきました。

儲け過ぎたときには、退職金をどれだけ出せるかが、節税の大きなカギだともいえるでしょう。しかし、退職金といってもどのくらいの金額を出せるものか、不安になる方も多いことでしょう。

実は退職金の妥当な額というのは、税法できっちり定められているわけではないのです。税務当局の見解を見ても、「同業他社と比較したり、社会情勢をかんがみたりして妥当な額」などという非常に曖昧なことになっているわけです。

アメリカの大企業の役員などは、たった数年の勤務で何十億、何百億ももらえるケースもありますが、そういうのはあまり参考になりませんからね。

退職金に関して、税務署に文句を言われないためには、まず就業規則に退職金の計算方法等を明示しておくことです。

就業規則に、退職金の支払いの時期、額などをあらかじめ定めておいて、その規則通りに払うのです。

期末に急きょ退職金の支払いを決定する場合、就業規則にそれを書き加えておいたほうがいいでしょう。けれども、就業規則にうたっていなければ退職金の支払いが認められないということではありません。

また多額の退職金を出そうと思えば、役員との契約書などをつくってそれを明記しておくことです。それでも確実に認められるかというと、そうは言いきれません。

ただし、多額の退職金であっても明確な理由があれば認められます。創業者で、会社にこれだけの利益をもたらした、だからこれだけの退職金を払う、というような。

また退職金というのは、その人がもらっていた報酬にだいたい比例するものなので、退職金を多く出すためにも、日ごろの報酬を調整しておくことが肝要とも言えます。やめる前に、報酬を上げるというのも手です。これは天下り役人などがよく用いる手法ですので、普通の会社が使わない手はないのです。

税務署が文句を言えない退職金の額

一応、日本の退職金の妥当な額を測るうえで、基準らしきものがあるのでそれを紹介しましょう。それは「功績倍率」を使う方法です。

功績倍率というのは、会社に対する功績を数値で示すという意味でありまして、計算式としては次のようになります。

退職金÷最終報酬月額×在任（勤務）年数

この計算式を逆にして、功績倍率を用いて退職金を求める計算式にすると、次のようになります。

最終報酬月額×在任（勤務）年数×功績倍率＝退職金

この功績倍率というのは、本来はその人の功績によって上下するものですが、これには相場があって、だいたい「2」前後なら問題ない、「3」くらいまでは大丈夫とされています。だから、20年間役員をして最終の報酬月額が100万円の人に対して、功績倍率2で退職金を計算すると次のようになります。

100万円×20年×功績倍率2＝4000万円

つまり、この人の退職金は4000万円までなら問題ないと言えます。

で、退職金を多く払いたい場合は、最終報酬月額を多めに設定するといいでしょう。

ただこの功績倍率というのも、明確な基準ではありません。この基準から大幅にはずれているケースもあります。外資系企業などでは、けた外れの退職金を出すケースもあります。しかし中小企業であれば、だいたいの場合、功積倍率通りに退職金を設定していれば、税務署がそれに口を挟むことはないとは思います。

第3章

会社の金を自由に使う方法

家も車もレジャー費も会社の経費で落とす

ひとり社長は、事業を全部自分でやらなくてはなりません。資金繰り、営業、仕事の段取りと、なにからなにまで自分でやっています。

「会社が稼いだ金は当然オレの金」

ひとり社長はみな、そう思いたいはずです。

しかし税法上は、そういうわけにはいきません。法人税法では、会社が儲かった金をすべて経営者が報酬としてもらうことはできなくなっています。いや、もらうことはできても、多額の税金がかかってしまいます。

が、一定の手順を踏めば、会社の金を自分の自由にすることはできるのです。法律にのっとって、ちゃんとした手続きを経れば、実質的には「会社の金はオレの金」になるのです。

旅行、遊園地、スーパーの惣菜でも、やり方によれば会社の経費で落とすこともできるのです。

具体的に言えば、福利厚生費などをうまく使う事です。

詳しくは後ほど述べますが、福利厚生費では、一定の条件を満たせば従業員の食事を出すこともできます。そして従業員というのは、役員や経営者も含めて、です。

だから、社長とその家族でやっている会社などが、家族の食事代を会社の経費で落とすことだってできるのです。もちろん、ひとり社長の場合も、大丈夫です。

福利厚生費というのは、会社の従業員の福利厚生などにかける費用です。この福利厚生費は、役員報酬のように一年間にどれだけ、という制約はありません。

だから儲かったときには、たくさん福利厚生費を使い、儲からないときには減らす、ということもできます。

中小企業の場合、あまり福利厚生費をうまく使っていません。

「福利厚生費など金に余裕のある大企業のもの」

「うちは福利厚生費を出す余裕なんてない」

と思っているひとり社長もおられるかもしれません。

が、それは大きな間違いです。

会社が役員に報酬を支払うと、会社は経費で落とせますが、役員には個人の税金がかかります。でも、報酬として支払うのではなく、福利厚生費として支出すれば、役員に税金はかかりません。

だから、自分に報酬を払う代わりに福利厚生費を出す、と思えばいいのです。

社長一人や、社長とその家族でやっているような会社ならば、福利厚生費を充実させれば、あっという間に、経費が膨れます。税金は払わなくていいようになります。

夕食代を会社の経費で落とす

「自分の夕食代を会社の経費で落とせる」

と言うと、どう思われます?

普通に会計を学んでいる人ならば「絶対に嘘だ!」と思うでしょう。

しかし、それができるのです。

どういう方法かというと、夜食代として出すのです。

企業が残業をしている従業員に夜食を出す場合、ある一定の条件を満たしていれば、それは経費として認められます。

一定の条件というのは、「従業員に夜食代を支給するのではなく、企業が夜食を準備すること」です。つまりは、夜食代としてお金を渡すのではなく、企業が自前で食事を用意したり、出前をとってやるのなら、いいのです。

これは大企業だけに認められている制度ではなく、社長一人でやっているような小企業にも認められています。

だから、ひとり社長の会社で、社長が残業しているときに出前をとれば、それは会社の経費で落とすことができるのです。

家族企業の場合でも同じです。家族で出前をとっても、それは会社の経費で落とすことができるのです。

ＩＴ関連やクリエーター系の会社では、夜型の場合も多いでしょう。そういう会社は、夜、出前をとったりすることが多いはずですので、ぜひ活用するべきでしょう。

またコンビニで弁当を買ってきて、それを経費で落とすことも可能です。コンビニのレシートを会社に回し、コンビニ弁当は、「会社が用意した」ということにすればいいのです。

ただし、気をつけなくてならない点があります。

もし自分や家族以外の従業員がいる場合、その従業員も同じ条件で夜食がとってもらえるようにしておかなければなりません。つまり、自分や家族の夕食代だけを会社の経費で落とす、というわけにはいかないのです。

でも従業員が家族しかいないのであれば、自分や家族の分だけ落とすことは可能です。

また夜食代だけではなく、昼食代の一部を会社が負担することも認められています。

ただし昼食代を会社が持つのは、少し条件があって、それは次のようになっています。

・従業員が半分以上払うこと

・月3500円以内であること

以上です。この条件を満たさなければ、社員に対する給料という扱いになり、社員に税金がかかります。

ということは、つまり毎月3500円までは、昼食代として支出できるのです。年間にすると、4万2000円にもなります。

家族でやっている会社などは、さらに旨《うま》みがあります。

たとえば、家族4人でやっている会社で、毎月一人3500円分を昼食代で出してやれば、4人で1万4000円になります。年間16800円です。

ただし、この場合、3500円を単に現金としてもらえば、福利厚生費とは認められませんので注意を要します。あくまで会社を通じて仕出しや出前などを取ってもらった場合のみです。

これは、夜食の場合と同じです。

また夜間勤務の場合、出前などを取らなくても、一回300円までの食事代の現金での支給は福利厚生費の範囲内となります。

福利厚生費で社員の食事代を支出するには、特別な手続きは要りません。会社の決まり、ということになっていればOKです。

スポーツジム、野球観戦の費用もOK

前項では、食事についての福利厚生費の使い方をご紹介しましたが、福利厚生費は、ほかにも多様な使い方ができます。

たとえば、野球やサッカーの観戦。

このチケット代も会社の経費で落とせるのです。野球やサッカーに限らず、コンサートやサーカスなどの観劇費用も福利厚生費で落とすこともできるのです。

ひとり社長の会社、家族だけでやっている会社でも、もちろん使えます。

福利厚生費で気をつけなくてはならない点は、一部の社員のみが対象になっていてはダメだ、ということです。自分や家族以外に社員さんがいる場合は、その社員さんたちにも同等の福利厚生をしなければなりません。

観劇費用などを福利厚生費で落とすのに、特に手続きは要りませんが、一応会社の規則で、年何回とか決めておいた方がいいでしょう。一番いいのは、就業規則にきちんと定めておくことです。

またスポーツジムなどの会費も会社の福利厚生費で落とすことができます。

返還が前提となっている入会金は資産として計上しなければなりませんが、月々の会費は、福利厚生費として経費処理することができます。

ただし、これも福利厚生費のほかの項目と同じように、特定の人しか利用できない場合は、福利厚生費とは認められません（その特定の人の給料になり、所得税がかかります）。

福利厚生費は「全社員が平等に受けられるものでなければならない」ということです。

これは、福利厚生費全般に関する基本事項です。税務署はこの点、厳しくチェックします。スポーツジムの費用、レジャー費用などを福利厚生費とする場合は、社員たち皆が使えるようになっていること、それを社員たちも知っていることが条件になります。社長しか知らず、社長しか使っていないのであれば、「皆が使える」とは言えません。

これも就業規則に記載しておくほうがいいでしょう。

就業規則というのは従業員の就業条件などを定めた規則のことです。従業員が常時10人以上いる会社、事業者に義務付けられたものです。

小人数の会社には、作成の義務はありませんが、福利厚生費を大々的に使おうと思っている場合は、就業規則をつくっておいたほうがいいでしょう。

自宅の家賃を会社の経費で落とす

福利厚生費の最たるものは、「賃貸住宅の家賃を会社に持ってもらう」ということでしょう。

役員や社員が賃貸住宅に住んでいる場合、一定の条件を満たせば、福利厚生費として家賃を出すことが可能なのです。

この制度は、外資系企業などがよく取り入れています。給料のオプションとして、家賃を出してくれるのです。

外資系企業は、実力主義でドライな印象がありますが、社員に対する福利厚生などはけっこう充実しているのです。「社員に働きやすい環境をつくって、より良い成果をあげさせる」というわけです。これは日本の企業も見習ったほうがいいと思われます。

会社が家賃を持つための一定の条件とは、次の通りです。

・家賃の補助ではなく、会社が借り上げたものを社員（役員）に貸す、という構図になっていること

・家賃のおおむね50％以上を社員（役員）が支払っていること。小規模住宅は家賃のだいたい20％相当でＯＫ。小規模住宅とは、木造１３２㎡以下、木造以外99㎡以下の住宅。

・床面積が２４０㎡を越え、豪華な設備を持つものは不可

ということは、家賃10万円のマンション（99㎡以下）に住んでいた場合、会社から借り上げにしてもらって、当人は2万円程度の支払いをしていればいい、ということになります（8万円を会社が持つ）。

この制度もひとり社長の会社や家族だけの会社でも適用できます。ただし、この場合も、家族以外の社員さんがいれば、その人も平等に恩恵が受けられるようになっていなければなりません。

会社の金で家を買う

前項では、会社の金で家賃を払う方法をご紹介しましたが、今回は家そのものを会社の金で買うという方法をご紹介しましょう。

「会社の金を自由に使うこと」の究極は、会社の金で自分の家を建てるということでしょう。これは意外に簡単にできます。

ただ、会社の金で家を買えばいいだけです。

会社の金で自分の家を建てるのですから、家の名義は会社にしておかなくてはなりません。会社で購入した家は、いわゆる「社宅」ということになるのです。

しかし会社の株を持っているのは自分なのだから、実質的に家も自分のものとなります。家を会社名義にすれば、家にかかる固定資産税や借入金の利子なども、会社の経費で落とすことができます。

自分の名義で家を買った場合は、固定資産税や借入金利子は、当然、自分の給料の中から払わなくてはならないので、かなりの節税効果となります。家を買おうと思っているひとり社長は、ぜひ、この方法を使うべきでしょう。

もうすでに家を持っている人も、その家を会社に売却して会社名義にするという方法もあります。ただこれはちょっと面倒で、それほど節税にはなりません。

会社の金で家を建てて、そこに住む場合、気をつけなくてはならない点があります。家はあくまで「社宅」ということになり、住むときには会社に一定の家賃を払わなくてはならないのです。

家賃の額は、前項でご紹介した「会社に賃貸住宅の家賃を払っているもらうとき」の相場と同じです。

また床面積が２４０平方メートル以上で、プールなど豪勢な設備がついている場合は、時価相当の家賃を払わなければなりません。

「視察旅行」をして旅行代を経費に落とす

旅行も、うまくやれば会社の金で行く事ができます。

これには3つの方法があります。

まず一つ目は、旅行を会社の業務ということにする方法です。これは福利厚生費ではなく、会社の旅費交通費として計上するのです。

会社の業務であれば、当然、旅行代は会社の金で出すことができます。

「でも会社の業務で旅行するのだったら、レジャーではないじゃないか？」

と思われた人もいるでしょう。

もちろん、基本的にはそうです。

が、ただの出張ではなく、あなたの行きたいところに、「出張として」行けば、仕事でもあり、レジャーでもある旅行が可能となるのです。

よくテレビ番組で「ご褒美ロケ」というのがあります。

ハワイとかグアムなどで、ロケをやって、出演者のご褒美をかねて番組をつくるというものです。考え方としては、それと同じ事です。

ビジネスが国際化している昨今、海外に行こうと思えばなんとでもこじつけられます。

「中国に進出したいので、その視察をした」

「東南アジアの市場を開拓したいので調査のために」

などということにすれば、それを覆すことはなかなかできません。

というより、役人や議員もそういうことを時々やっているのです。彼らは税金を使ってそれをやっているわけですから、自分で稼いだ金で行くことに文句を言われる筋合いはないのです。

ただし、「会社の業務」なのだから、会社の業務という体裁は整えなくてはなりません。

会社の業務に関係する視察も行わなければなりませんし、出張中の記録も残しておかなければなりません。

家族で「社員旅行」をする

次に「社員旅行」として、旅行代を経費で落とす方法をご紹介します。

この「社員旅行」は、純然たる「ひとり社長」の場合は使えませんが、社員全部が家族というような家族会社の場合は使えます。社員旅行は、社員の親睦旅行ということなので、ひとりで行くことはさすがに社会通念上、認められないのです。

社員旅行というのは、一定の条件さえクリアしていれば、全額を福利厚生費として会社の経費で落とすことができます。条件というのは、4泊5日以内であり、社員の50％以上が参加するというものです。海外でもOKです。

家族だけでやっている会社は、家族社員だけで旅行することもできます。家族だけの会社は、社員旅行をしてはならない、という規則はありません。

ただし、社員以外の家族が一緒に行く場合は、その分の旅費は出せません。

この社員旅行費用は、社員個人にとっても非課税なので二重の節税になります。

たとえば、タイのバンコクに社員5名で4泊5日の社員旅行をします。旅費の一人12万円、合計60万円は、もちろん会社持ちです。

これをもし、自分の金で行ったとすると、そのお金は自分の報酬から出すわけなので、最低でも4~5万円程度の税金がかかっていることになります。また会社は60万円が利益に上乗せされますので、だいたい24万円の税金がかかってきます。約30万円の税金がかかるのです。

だから、この社員旅行をすれば実に30万円もの節税策となるのです。

社員旅行をするのには、特別な手続きは要りません。が、一応、就業規則の中に記載しておいたほうがいいでしょう。家族でやっている企業の場合は、税務署からいろいろ難癖をつけられる危険があります。

純然たる個人旅行に会社の金を出す方法

視察旅行でも、社員旅行でもない、純然たる個人旅行に会社の金を出す方法もあります。

これは全額というのは無理ですが、ある程度の金額は可能なのです。
一定の条件をクリアすれば、純然たるプライベート旅行に、会社が福利厚生費から補助的なお金を出してやることも可能なのです。

大企業では、保養施設を持っているところも多いものです。そういう企業の社員は、観光地や保養地で格安で宿泊することができます。また公務員なども公務員用の保養施設があり、同じような恩恵を享受できます。

会社が自前で保養施設を持てれば、それに越したことはありません。福利厚生費として、保養施設につぎ込めば、社員は大きな経済的メリットを受けることができます。

でも、中小企業ではそうそう保養施設など持つことはできません。それでは不公平です。それを補うために、社員がプライベートの旅行をした際に、その宿泊費を補助してやることもできるのです。

何度か触れましたように、福利厚生費というのは、明確な線引きはありません。しかし社会通念上でも、慣習上においても、会社が社員のプライベート旅行に一定の補助を出すことはこれまでもあったので、「認められている」のです。

社員のプライベートの旅行に、補助を出す企業はけっこうあります。いささか古いデータではありますが、財団法人労務行政研究所の２００１年の調査では、調査対象３４０社の大企業のうち、39・７％が補助制度がある、と答えています。現在はもっと増えていると思われます。

なので、福利厚生としては、大企業の中ではかなり一般化された制度だと言えます。

ちなみに、補助額の平均は一泊につき３４６２円です。最低額は１０００円、最高額は1万５０００円です。そして７割の企業で、年間に使用できる回数を決めているということです（３割の企業は、年間に無制限で使えるということです）。だから、社会通念上、会社が社員のプライベートの旅行費用を出してやっても、問題はないと言えます。

この制度は、もちろん「ひとり社長」の場合も使うことができます。

旅行の補助金を出すというのは、たとえば、役員や社員が観光旅行などをした場合、一泊につき５０００円は会社から補助を出してやるのです。家族にも同様の補助を出します。それを年間20回（人数×宿泊）まではOKというような規定をつくっておくのです。そうすれば、年間10万円の観光費用を会社が負担してくれることになるのです。

この方法を使う場合、宿泊の補助金をそのままもらうのではなく、会社からホテルや旅館などに直接申し込むという形態を取らなくてはなりません（国税局相談窓口に確認済み）。

役員や社員が、自分でホテルや旅館に宿泊の申し込みをし、会社が金だけ出すという形態では、給料として扱われてしまうのです。

携帯電話代を会社に払ってもらう

自分の携帯電話料金も、会社に出してもらうことができます。

携帯電話は、私用で使う事もありますが、少なからず仕事で使うはずです。大企業では、携帯を会社から支給しているところも多いのです。

つまり、携帯代を会社が持つことは問題ないのです。携帯代を会社が持てば、かなりの節税になります。

たとえば1カ月2万円として年間24万円の携帯電話代を、自分の報酬から払えば、所得税、住民税含めて最低でも3～4万円はかかります。

しかし、会社にそれを負担してもらえば自分の3～4万円の節税となると同時に、会社も10万円程度の節税になります。

「携帯はすでに個人契約している」

という人もおいでてでしょう。

すでに携帯電話を持っている場合は、会社がそれを借りている（業務で使わせてもらっている）ということにして、賃貸料を払えばいいのです。通常、会社が携帯電話を保持し、社員に貸与するときにかかる代金程度であれば、ＯＫです。

本、雑誌も会社の経費で落とす

ひとり社長の中には、読書好きな人も多いと思いますが、この書籍代も会社の経費で落とすことができます。

書籍は、費用として認められる範囲が広いのです。費用として認められる書籍は、会社の業務に直接関係あるものだけではありません。ほんの少しでも仕事に関係のある本ならば、ＯＫなのです。

どんな本でも、「情報収集」になりえるからです。週刊誌などでも、重要な情報源ですから、当然、費用として認められます。

業界や世間の動向をつかむためや、一般知識を得るなどの研鑽のために、買った本や雑誌も、もちろんOKです。

書籍代を会社の経費で落とせば、けっこうな節税になります。本一冊は1000円程度でも、読書家の方は、何冊も買うものでしょう？

たとえば、月5000円、書籍代に使っている場合、年間6万円です。これを自分の報酬から払えば、最低でも、所得税、住民税含めて1万円前後の税金がかかっています。でもその分を会社の経費で落とせば、会社の税金が2万4000円、自分の税金が1万円も税金が安くなります。

ただし買った本の領収書は会社に提出しなければなりません。だから本を買ったときとは、領収書をもらうかレシートを取っておく癖をつけましょう。

ただし、いくら経費として認められる範囲が広いからって、あまり調子に乗るといけません。以前、どこかの政治家がエロ本を事務所経費で落としていたのが見つかり、世間に叩かれたことがありました。さすがにそこまでは、社会通念上、認められないことになります。最近のレシートは、本の種類までちゃんと出てくるものもあるので、気をつけましょう。が、少しでもエロに関係する仕事をしているのであれば、経費で認められます。

自宅用パソコンを会社の金で買う

パソコンも会社の経費で落とせます。

しかも経費で落とせるパソコンは、何も会社に備え付けてあるものだけではありません。自宅で使っているパソコンも会社の経費で落とすことができるのです。

仕事や日常生活の情報収集で、パソコン、インターネットは欠かせないものです。いまどき、会社のものだけでなく、自分でもパソコンを持っているという人がほとんどでしょう。

パソコンというものは、2年経つともう古いものになり、頻繁《ひんぱん》に買い換えなければなりません。だから、会社の利益が出たときには、思い切ってパソコンを買い換えるのも手だと言えます。

もちろん、完全なプライベートのパソコンを会社の経費で落とすことはできません。会社の経費で落とすには、会社の業務で使うもの、という制約があります。が、パソコンは自宅に置いているものでも、何かしら仕事で使うものでしょう？　仕事にまったく使わないってことはないと思われます。

だから自宅に持ち帰ったとしても、そう難しく考えず経費で落とすことはできるのです。

またパソコンの場合、ローンで買うこともできます。なので、もし期末にローンで買えば、会社からまったくお金が出て行かずに、30万円近くの経費をつくることができます。

たとえば、期末になって利益が50万円出ることがわかったとします。

小さな会社にとって、50万の利益は大変なものです。税金で20万円くらい持っていかれます。下手すると一カ月分の報酬です。

それで期末のギリギリになって28万円のローンでパソコンを買いました。となると、28万円を一括して経費で落とせるので、会社の利益は差し引き22万円になります。

税金は9万円程度で済みます。

しかもローンで購入しているので、会社のお金は一銭も出て行っていません。にもかかわらず10万円以上の節税ができたのです。

このように、パソコンは「プチ節税」にはうってつけだと言えるでしょう。

気をつけなくてはならない点は、パソコンの購入費を30万円以内におさめることです。

本来、10万円以上のものを購入した場合は、固定資産に計上しなければなりませんが、前述したように、現在、特例により青色申告の中小企業の場合は、30万円以内の固定資産は、減価償却せずに、一括して経費で落とすことが認められています。

それと、30万円というのは、パソコンの周辺機器も含めての値段です。パソコンが仕事で使える状態にするには、ソフトとか、プリンターとかも別途必要な場合があります。それを全部含めて、30万円以内におさめなくてはならないのです。

最近のパソコンは30万円も出せば、相当いいものが買えますし、周辺機器も揃えられるのでこれは大丈夫でしょう。

またパソコンはあくまで会社の備品になりますから、その点は厳守しなければなりません。

「この経費に計上しているパソコンは、どこにありますか？」

と税務署の人に聞かれたら、いつでも見せられるようにしておかなければならないということです。他人に貸したり、なくしたりしては駄目ということです。

英会話学校に会社の金で行く

昨今の国際化時代、英語を話せたほうがビジネスで有利になります。

ひとり社長の中にも、英会話スクールに通っている方もいらっしゃるでしょう。

この英会話スクールの費用も、実は会社の経費で落とせます。

法人税法では、社員が会社の業務に必要な知識、技能を身につけるための費用は、経費として認められているのです。要は会社の仕事に関係ある学校ならば、費用は会社が出していい、ということです。

「会社の業務に英会話は関係ない」

という方もいるかもしれません。

が、今の時点で、英語を使った業務をしていなくても、将来そういうことがあるかもしれないのです。近い将来、外国企業と取引するかもしれないし、日本中の会社はどこもそういう可能性を持っているはずです。日本固有の料理である寿司の職人さんでも、英会話を習っている人は多いのです。

だから、あなたの会社もいつなんどき外国の方々と付き合うことがあるかもしれないのです。また、外国の方と付き合う可能性がないにしても、英語がわかったほうが、情報収集の面でも役立ちます。

だから、今の時代、英語が仕事に関係ないということはないと言えます。

英会話に限らず、いろんな学校、講座の費用も会社から出すことができます。会社の業務に少しでも関係のあるものだったらＯＫです。

たとえば、自動車学校、経理の学校などに行っている人も、全く大丈夫です。会社が儲かったときは、新しい知識や技能を身につける投資をするのもいいかもしれません。

会社の金で生命保険に入る

ひとり社長や中小企業の経営者の方などは、多額の生命保険に入っているケースが多いでしょう。この生命保険の掛け金も自分の財布から出す必要はありません。

会社の経費で落とせばいいのです。

会社から入る生命保険は、掛け金を会社が払い、受取人が本人（もしくは本人の家族）になっていれば、給料として取り扱われますが、受取人が会社になっていれば、会社の経費とすることができるのです。

生命保険金を会社が受け取るのなら、生命保険の意味がないじゃないか、と思われるかもしれませんが、会社が一旦受け取ったあと、本人（もしくはその家族）に退職金などとして払えばいいのです。

また社員全員にかけてある生命保険であれば、受取人が社員かその家族であっても福利厚生費で落とすことができます。この場合、役員などの一部の社員しか加入されていない場合は、会社の経費とは認められずに、本人の給料扱いとなるので注意を要します。

どうせ生命保険に入っているのならば、会社の経費で落としたほうが、得ですし、節税になります。

期末に思わぬ利益が出たときに、個人契約した生命保険を解約し、会社から入りなおすというのも手でしょう。

ただし生命保険には積立金（生存受取金）が付随しているものが多いのですが、会社からこの生命保険に入った場合、積立金部分は資産として計上しなくてはならないので注意を要します。

第4章

交際費を際限なく使う方法

交際費を使い倒そう

会社の節税策で、手っ取り早い方法に、交際費があります。

事業をしている人が、税金上でもっとも得になるのがこの接待交際費といえます。特に酒好き、社交好きの人は、自分の遊興費の多くを「接待交際費」として事業の経費に計上できるので、要チェックです。

接待交際費を自由に使うというのは、サラリーマンにはできない特権のようなものです。サラリーマンは、なかなか会社の金で飲み食いをすることはできません。自営業者や経営者だけが、事業の経費を自由に使って飲み食いできるのです。

ひとり社長は、この特権を十二分に生かしたいものです。

「接待交際費と言っても、うちは取引先を接待なんかしない」

という方もいるかもしれません。

しかし、接待交際費というのは、直接的な取引先の接待だけに限られたものではないのです。少しでも仕事に関係する人と会食したりしたときには、使うことができます。同業者や従業員を飲みに連れて行ったり、友人と飲んだりして、仕事の情報を得たりするときには、接待交際費の対象となるのです。

知人と会食したり、ゴルフをしたりするときも、少しでも仕事に関係する相手ならば、接待交際費とすることができます。

また社会的付き合いから、やむを得ず参加しなければならない会合などの費用も当然、接待交際費に含めていいのです。

またゴルフなどで接待したときに、自分のプレイ代は接待交際費に計上できない、などという話もありますが、これは都市伝説に過ぎません。接待ゴルフであれば、自分のプレイ代も接待交際費として計上できます。税務署の調査官が嘘をついて、「あなたのプレイ代は認められない」などと言って、追徴税を巻き上げることが稀にありますので、気を付けてください。

自社の従業員を飲みに連れて行った場合も、接待交際費として損金計上できます。

が、現在の日本の税法では、交際費は無条件で損金に計上できるものではありません。

いくつかの制約があるのです。それをうまくクリアすれば、相当な額の交際費を損金に計上することができます。

だから、飲むのが好きな経営者や、接待交際が多い業種などでは、接待交際費の知識を十分に持っておきたいものです。

まず接待交際費の基本について、ご説明しましょう。

現在の日本の税法では、会社（法人）については原則として接待交際費の損金算入は認められていません。が、資本金1億円以下の中小企業では、年間800万円までか、接待交際費の50％を税務上の経費に計上できることになっています。

ひとり社長の場合、つまりは年間800万円までは接待交際費が使えるということを頭に入れておきましょう。

資本金1億円以下の中小企業であれば、従業員が100人いる会社であろうと、ひとり社長であろうと同じように800万円の接待交際費の枠《わく》がもらえるのです。

ひとりで800万円もの接待交際費が使えるとなると、普通はこれで十分でしょう。

交際費で税務署に文句を言わせない方法

ただし、この接待交際費という経費は、税務署と見解の相違が起きやすいものでもあります。

税務署としては、私的経費が含まれているのではないかと常に疑いの目を持っています。仕事には全く関係のない、私的な接待交際費であれば経費にできないので、税務署はそれを見つけたいのです。

そして、あの手この手で接待交際費を否認してこようとします。

が、先ほども述べたように、接待交際費は少しでも仕事に役に立ちそうな交際であれば大丈夫なのです。

また接待交際費が仕事に関連するかどうかの明確な基準はありません。

その場合、何が判断基準になるかというと、まずは納税者が「交際費と判断したかどうか」となります。

日本は申告納税制度を採っているので、原則として納税者の申告は認められるのです。税務署側が、その交際費を否認するための明確な証拠を持っていない限り、否認することはできないのです。

また税務署は税務調査で、「接待交際費が多すぎる」などと文句を言ってくることもあります。が、接待交際費が多すぎるからといって否認できるものではありません。一つひとつの接待交際費が、きちんと接待交際費に該当しているのであれば、多すぎるからダメなどということはありえないのです。

だから、税務署が文句を言ってきた場合は、しっかり主張しましょう。そして、税務署の口車に乗らないようにしたいものです。

ただし接待交際費について、税務署の目が厳しいことは確かなので、領収書や相手先などの記録はきちんと残しておく必要があります。

キャバクラ代も交際費で計上できる

前述したように交際費というのは、明確な線引きはありません。どんな費用が交際費で、どんな費用が交際費にならない、という明確なガイドラインというのはほとんどないのです。

唯一の基準が「事業に関連している」ということだけなのです。

税務署の調査官によっては、「二次会の費用は認めるけれど、二次会の費用は認めない」などと言う人もいます。だから、会計の都市伝説として、「二次会の費用は交際費にできるけれど、二次会の費用はできない」というようなものも出回っています。これは会計の世界では、昔からよく言われてきたことのようです。インターネットでも、こういうことが時々言われているようです。

しかし、実は、「二次会以降の費用は会社の経費で落とすことができない」というのは、都市伝説に過ぎないのです。

取引先などを接待するときの「接待交際費」というのは、その条件は「仕事に関係する接待」ということです。少しでも仕事に関係する接待ならば、接待交際費に計上することができるのです。

税法上でも、一次会であろうと二次会であろうと、接待交際をしていれば、立派に接待交際費として計上できるのです。

「二次会だけは認めない」ということなど、税法にはまったく書かれていないし、接待交際費の意義から見ても二次会だけ認められないはずはないのです。

そして、接待交際において計上できる費用というのは、「接待交際においてかかった費用」です。

「一次会はいいけれど、二次会はダメ」などという縛《しば》りはまったくありません。だから、取引先などを一次会で飲食を饗応《きょうおう》し、二次会でキャバクラに案内したような場合、その費用はすべて接待交際費に入れることができるのです。

接待をするときに、一次会だけで終わり、というようなことは少ないはずです。二次会があるほうが普通だと言えるでしょう。

二次会からは、自腹で払わなければならない、などというのは、絶対におかしい話なのです。

だから、税務署の調査官から文句を言われても納税者側が「それはおかしい」と指摘すれば、調査官はそれ以上突っ込めません。そして、交際費かどうかの判定というのは、それが本当に「接待交際」かどうか、ということなのです。

その接待が事業者にとってなんらかの意義があるかどうか、なのです。

取引先を二次会でキャバクラに招待して意義がないことなどありません。キャバクラに招待されて、嫌に思う取引先はほとんどいないと言えます（取引先が普通の健康な男子であった場合）。

また実際、取引先を高級クラブで接待して、接待交際費で落とすということは、どこでもやっていることなのです。

高級クラブがＯＫで、キャバクラがＮＧというようなことは、一般常識から見てもあり得ないと言えるでしょう。だから、判断基準として、「その接待が会社にとってなんらかの意義があるかどうか」ということを頭に入れておいてください。

それさえクリアしていれば、二次会の費用も事業の経費で落とすことができるのです。

それにしても、なぜ「二次会はいいけれど、二次会はダメ」などという都市伝説が広まったのでしょうか？

昔は、税務署員や会社の経理担当者たちは、けっこうルーズな処理をしていたことがありました。接待交際費なども、社長や社員の遊興費を適当にぶち込んでいたりしたのです。

税務署員も、それをひとつずつチェックするのは面倒だから、二次会と思われる領収書だけをチェックし、「これは本当に接待交際費？」などとしつこく問い詰めたりしたようです。

また一つひとつの取引を精査するのではなく、交際費の総額を見て、「交際費が少し多すぎるんじゃない？」などと追及したこともあったようです。

そういうことが、「二次会の費用を計上すると税務署から否認される」というようにエスカレートしていったのでしょう。

でも、こういう税務調査というのは、本来の税法からはずれたことなのです。

税法上、接待交際費に該当するかどうかが問題であって、接待交際費が多すぎるかどうかは、税務署がとやかく言える筋合いではないのです。

高すぎであろうとなかろうと、交際費に該当する経費であれば交際費に計上していいのです。

今の税務署員は、世間の目もあるので、昔のように「無茶な文句」は言わなくなっています。もし無茶な文句を言ってきたりすれば、ネットでさらされたりするからです。

あくまで法律に基づいた仕事をしているはずです。

しかし、稀に今でも無茶なことを言ってくる税務署の調査官もいます。そういう調査官にはきちんと正論で反論しましょう。

正論で反論されれば、調査官はそれ以上言ってきません。

“会議費”を使えば会社の金で飲み食いできる

交際費の枠が800万円もあるひとり社長ですが、もしかしたら800万円では足りないという方もいるかもしれません。そういう方のために、交際費の枠以外で、飲み食いを経費で落とす方法はご紹介しましょう。

会社の金で酒を飲む方法として、会議費を使うという手があります。

税法では、会議費という経費が認められています。

会議費というのは、その名の通り会議に関係してかかった費用のことです。そしてこの会議費には食事と若干の飲み物も認められているのです。欧米の会議では、食事の中でアルコールをとることもあります。欧米の文化は何でも良しとする日本は、「会議で酒」という文化も認めているわけです。

ひとり社長や家族でやっている会社でも、ちゃんと会議をしているのなら、この会議費を使うことができます。

ただし、この会議費は、あくまで会議のために支出するという建前がありますので、際限なく酒を飲めるということではありません。

会議費で認められるアルコールは、目安としてだいたい一人ビール1、2本、ワイン数杯程度とされています。だいたい3000円くらいでしょう（明確な基準はありません）。

また会議費が経費として認められるには、「会議をするのにふさわしい場所」ということになっています。だから居酒屋などではまずいでしょう。ただし昨今では、会議室を有する居酒屋もあるようです。そういう場所であれば、会議ということも可能かもしれません。

また会議という建前をとらなくてはならないので、会議が行われたという証拠も残さなければなりません。簡単な議事録や出席者名簿などは残しておくべきでしょう。

この会議を使えば、飲み代を会社から出すことができます。

簡単に言えば、会議という形をとって飲み会を開き、その費用を会社が出してやるというわけです。

会社では重要な仕事が始まるときや、終わったときに、セクションで飲みに行くことも多いものです。そのときに、この「会議費」を使って飲み会を開くわけです。酒の量は限られていますが、ホテルのレストランなどで、軽く一杯、一次会の費用くらいはこれで賄えるはずです。外に出ずに、社内で会議を開き、食事は出前などを取るのなら、3000円でも十分に豪勢な会ができます。

〝会議費〟を使えば、朝食もランチも会社の金で落とせる！

前項では、「会議費」を使った飲み代の損金計上方法をご紹介しましたが、この「会議費」は飲み代以外の別の方法にも使えます。

それは、豪勢なランチを会社の金で出す、ということです。

簡単に言えば、昼食時に会議を行って、その昼食代を会社から出せばいいのです。この会議費の場合は、全額を会社の経費から出すことができます。

前に、月3500円までは会社が昼食代を補助してやることができるということをご紹介しましたが、月3500円では一回あたり200円足らずです。もっと気前よく会社の金で昼食を食べたい、という方も多いでしょう。

そういう場合、会議費として昼食を出せばいいのです。

会議で昼食を出すには、会社の会議室で仕出しをとってもいいし、ホテルやレストランなどで会議を行う、という形にしてもいいでしょう。

ただし、前にも言いましたように、会議費はあくまで会議という形態をとらなくてはなりません。毎日毎日というわけにはいかないでしょう。

しかし週に一、二回くらいならば、十分いけると言えます。また毎日会議をやっていたとしても、合理的な理由があれば、認められます。

欧米の経営者の中には、毎日、ランチをとりながら会議をする、という人もいます。そういう場合、もちろん会議費として計上できます。

また昼食だけではなく、朝食（もちろん夕食も）も可能です。朝食を一緒にとりながら会合をするという議員さん連中などもいたことだし、朝食をとりながら会議というのも決して不自然なものではありませんので。

場所も、普通の定食屋とかではまずいです。会議のできる場所、ホテルやレストラン、料亭などで行う必要があります。

この制度と先ほどご紹介した月3500円までの昼食補助制度をうまく組み合わせれば、社員の昼食代は相当部分を会社が持つことができるでしょう。さらに夜食代と組み合わせれば、食事代の大半は会社の金で出すことができるというものです。

一人当たり5000円以内ならばOK！　交際費の抜け穴とは？

さらに交際費枠を使わずに飲み食いする方法として、「5000円の特例」というものもあります。

これは1人当たり5000円以下の飲食費については、交際費としての規制外とし、その全額が損金算入できるようになっているというものです。

交際費の規制外という言い方はちょっとややこしいのですが、つまりは、一人5000円以内の飲み代であれば、交際費の枠を使わずに会社の経費で落とせるのです。一人あたり5000円というのは、消費税抜きの金額です。だから、消費税込みの金額で言うならば、5500円です。

一人5000円というと、けっこうな額ですよね?

普通の居酒屋ならば、だいたい5000円以内に納めることができるはずです。だから、普通の飲み会の場合は、この制度で損金計上できるわけです。高級店での接待などは別として、庶民的な接待交際はこれで解禁されたというわけです。

また一人ひとりが5000円以内に収める必要はなく、一人の平均単価が5000円以内に収まればOKということです。だから一人5000円以上かかりそうな場合は、あまり飲み食いしない人を何人か連れていけば、解決できるでしょう。

たとえば、たくさん飲む人ばかりが6人揃って、飲み代の総額が3万5000円くらいかかりそうなときには、小食で酒を飲まない人(飲食代2000円程度)を2人連れて行けば、全部で一人あたり5000円以内に納まるわけです。

その辺は、うまくやればどうにでもなるでしょう。

交際費５０００円ルールの条件

前項で紹介した飲み代５０００円を損金計上する場合、若干の条件があります。
まずは次の内容を記載した書類を保存しておかなければなりません。

①その飲食等のあった年月日
②その飲食等に参加した得意先、仕入先その他事業に関係のある者等の氏名又は名称及びその関係
③その飲食に参加した者の数
④その費用の金額並びにその飲食店、料理店等の名称及びその所在地
⑤その他参考になるべき事項

こんな書類を残しておくのは、ちょっと面倒くさくはありますが、なにはともあれ、飲

み代を会社が出せるのだから、これくらいの手間は頑張ってクリアしましょう。飲み会の多い会社では、ひな形や様式をつくっておくといいかもしれません。

この特例では、逆に社内の人間同士での飲み会は対象外となります。だから、社内の人間で飲む場合は、前記の会議費などを使うべきでしょう。

また一人あたり5000円を1円でも超えれば、全額が経費として認められなくなりますので、注意を要します。

たとえば一人あたり5500円だった場合、5000円分は会社の経費で落とし、残り5百円ずつを自腹で切る、などということは不可なのです。あくまで、店に支払う段階で、一人あたり5000円を切っておかなければならないのです。

この条件をクリアするためには、店の人にあらかじめ相談して、5000円以内に納めてくれるように頼んでおくのも手でしょう。なじみの店だったら、「今回だけは、一人5000円以内にしておいてよ。今度また来るからさあ」などと耳打ちにしておけば、心配しないで飲むことができます。

また普通の居酒屋でも、事前に相談すれば飲食費一人5000円以内ということはしてくれるはずです。

忘年会、新年会の費用を会社が出す

飲み代を会社の経費で落とす方法として、忘年会、新年会、花見などの費用を会社が出してやるというものもあります。

普通会社では、年に数回は社員を集めて宴会をする行事があるはずです。そういう定例的な行事の費用は、一次会までは会社が福利厚生費として負担できることになっています。

この忘年会等は、家族でやっている会社であっても支出することができます。ひとり社長が、ひとりで飲みに行ってそれを忘年会とすることは、社会通念上ちょっと難しいでしょう。だからこれを使えるのは、家族企業までということです。

会社や人によっては、毎月、何かにかこつけて宴会を開いているところもあるかもしれません。昔の歌謡曲にあったように、２月は豆まき、３月はひな祭りというように、酒飲みはいつも何か理由をつけて酒を飲みますからね。だから、どんな行事も認められるというわけではありませんが、社会一般的に認められているような行事であれば、大丈夫です。

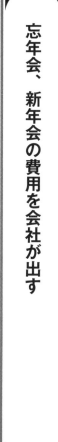

忘年会、新年会、花見くらいまでは、まず問題ないと言えます。暑気払いも大丈夫でしょう。

これは交際費で出すわけではないので、中小企業の交際費枠が減ることはありませんし、交際費枠のない大企業でも支出することができます。また社員にも税金、社会保険料はかかりません。

しかし、忘年会などの費用を福利厚生費で出す場合には、条件があります。

・ほぼ全員の社員が参加していなければならないこと

・著しく高額な費用は認められないこと

です。

「著しく高額」といっても、具体的な基準があるわけではありません。昨今では安い居酒屋でも普通、一人数千円しますし、ちょっといいところに行けば万単位になることもあります。だから、数千円から1、2万円程度の費用ならば、福利厚生費で可能だと思っていいでしょう。

ただ取引先や社外の人を招待するような忘年会は、福利厚生費ではなく、接待交際費として計上しなければなりません。

第5章

高級外車で節税しながら蓄財する

節税アイテムとしての高級外車

事業にはいろいろな節税策がありますが、節税策のほとんどはお金が出て行ってしまうものです。

節税策のほとんどは、「税金で払う代わりに経費を使う」ものです。だから、節税できる税金以上に、経費を使ってしまうのです。

これは中小企業にとっては、シンドイことです。

「ただでさえ資金繰りに困っている」「資金繰りに困っているからこそ税金を安くしたい」

「でも税金を安くするために税金以上に経費を使わなければならない」

となると本末転倒になりかねません。

「お金が出て行かずに税金が安くなる方法」

それが、ひとり社長に求められる節税策と言えるでしょう。

「そんな方法はないよ」

と、多くのひとり社長の方々は思われるかもしれません。

でも、それができる方法もあるのです。

その一つが、高級車を買うという方法です。

ベンツなどは社長の乗用車として非常によく使われていますが、それは節税策としても打ってつけだからです。

「いつか俺もベンツに乗ってみたい」

そう考えているひとり社長も多いのではないでしょうか。


ベンツがなぜ節税しながら蓄財できるアイテムなのかを説明する前に、まずベンツそのものについて簡単にご説明したいと思います。

ベンツは、フォルクスワーゲンと並んでドイツの代表的な車ですが、１８９６年にドイツのカール・ベンツがつくったのが、そもそもの始まりです。１世紀以上の伝統がある由緒ある車なわけです。

戦前からその性能には定評があり、ヨーロッパの自動車レースではほとんど独壇場でした。現在でも、レースにも強く、またディーゼルエンジンやガソリン噴射式エンジンを世界で初めて使っています。

とにかく優秀な自動車です。

と、同時に日本では高級車の代名詞でもあります。ベンツは、タクシーやバスにも使われるなど大衆向けの車もつくっているのですが、日本で販売されているのは、ほとんどが高級車タイプのものだからです。

ベンツの特徴は、なんといっても優秀な性能ですが、それと同時に「丈夫で長持ち」ということが挙げられます。

そしてこの「丈夫で長持ち」ということが、節税で大きな意味を持っているのです。

高級車はなぜ節税アイテムになるのか？

ベンツはステイタスでもありますが、景気がいい経営者にとって、格好の税金対策にもなります。

「利益が出れば税金に持っていかれる。税金を払うくらいなら、会社の金で欲しかったべンツを買ってしまおう」

というわけです。

で、ベンツを買えば、どの程度節税になるのかというと、普通車の耐用年数は６年です。これは、ベンツであっても日本の小型乗用車であっても変わりません。

しかしベンツは、６年経ってもまだまだ乗れます。でも購入価額を６年で全部、事業の経費で落としてしまうことができるのです。

これが、ベンツが節税になる、という大きなポイントです。

日本車の場合は、６年経ったら買い換えなくちゃならない、というようなことが多いものです。少なくとも、６年経てば車としての市場価値は大きく下がります。

しかし、ベンツの場合、６年経ってもそれほど大きく値段は下がりません。そのため、ベンツは帳簿に載らない「含み資産」になるのです。

たとえば１２００万円のベンツを買った場合、ベンツの耐用年数は６年なので、経理上では６年間ですべてベンツの購入費を支払ってしまうことになります。つまり、帳簿上では６年後にはベンツの資産価値はゼロということになるのです。

しかし、１２００万円で購入した６年落ちのベンツには、まだ数百万円の価値があります。うまく行けば1000万円近くで売ることもできます。つまりは、帳簿上はゼロの価値なのに、実際には1000万円近くの資産を持っているのと同じことなのです。

ベンツを購入することで、1200万円も事業の経費を使えるうえに、含み資産を残すこともできる、それがつまり、ベンツが節税アイテムとして優れている大きな理由なのです。

ただし、ベンツのような高級車やスポーツカーなどを事業の経費で落とすにはいくつかの条件があり、ちょっと面倒な手続きを経なければなりません。

それを順に説明していきましょう。

減価償却は簡単

スポーツカーを経費で落とすには、まず「減価償却」を知らなければなりません。

この減価償却は、経理初心者にはあまりなじみがなく、また難しそうな語感なので「減価償却」と聞いただけで、拒絶反応を起こす人もいるようです。経理を勉強する人にとって、一番わかりにくいのが減価償却だと言えます。

でも減価償却はそう難しいものではありません。

また減価償却を覚えれば、税務の知識が飛躍的に広がります。

特に仕事で高い買い物をするような人には、大事なスキルです。

なので、この減価償却について簡単に説明しましょう。

減価償却というのは、「何年にもわたって使う高額のもの（固定資産）」を購入した場合、買った年の費用として一括計上するのではなく、耐用年数に応じて費用化するというものです。

たとえば5年の耐用年数がある１００万円の電化製品を買った場合、一年間に20万円ずつ、５年間にわたって費用計上していくのです。

この費用計上のことを減価償却費というのです。本当はもっと複雑な計算を要するのですが、仕組みとしてはこういうことです。

減価償却をする対象となる「固定資産」は取得価額が10万円以上のものです。10万円未満のものを購入した場合は、全額をその年の費用として計上していいのです。

また取得価額が10万円以上20万円未満のものを購入した場合は、減価償却をしないで、使用した年以後3年間にわたりその取得価額の1／3相当額ずつを必要経費とすることになります。

減価償却には「定額法」と「定率法」がある

減価償却の方法は、定額法と定率法というのがあります。

定額法は耐用年数に応じて「毎年同じ額だけ」の減価償却費を計上していきます。

一方、定率法というのは、資産の残存価額に一定の率をかけて、毎年の減価償却費を計上するという方法です。

定額法は、毎年同じ額の減価償却ができるのに対し、定率法は最初のうちは減価償却額が多く、だんだん少なくなってくるという特徴があります。だから、早く減価償却費を出したい場合は、定率法を選ぶべきでしょう。

定率法にするか定額法にするかは事業者が自分で選択することができます（不動産の場合は定額法のみ）。

定額法にしたい場合は、申告前までに税務署に届け出書を出さなくてはなりません。税務署に届け出を出せば、固定資産ごとに定額法か定率法かを選択することができます。もし定額法の届け出を出さなかった場合は、自動的に定率法になります。

定額法の仕組み

まず、定額法の仕組みをご説明します。

定額法の計算式は、次のようになります。


購入費×減価償却率×使用した月数／12＝その年の減価償却費

200万円の自動車を買ったときを例にとります。

車の耐用年数は6年なので、200万円を6年間に案分して経費化することになります。

定額法で、耐用年数6年の場合は、償却率は0・167となります。

なので、算出式は次のようになります。

200万円×0・167＝33万4000円

この33万4000円が、1年間の減価償却費ということになります。

この33万4000円を、6年間にわたって減価償却費として計上していくことになります。ただし車を新たに買った年には、使った時期で案分しなくてはなりません。たとえば、3月決算の会社が10月に買ったとすれば、半年分の16万7000円がその期の減価償却額となります。

定率法の仕組み

次に、定率法の説明をしましょう。

定率法は毎年、車の残存価額に同じ率をかけて減価償却費を計上していきます。

計算式にすれば次の通りです。


残存価額×減価償却率×使用した月数／12＝その年の減価償却費

この定率法が、定額法と違うところは、定額法はその資産の「購入金額」に償却率をかけますが、定率法はその資産の「残存価額」に償却率をかけるということです。残存価額というのは、その資産から減価償却されてきた金額を差し引いた価額のことです。

残存価額は年を経るごとに、減っていきます。つまり、定率法は、年を経るごとに償却費が減っていくのです。一方、定額法は、毎年同じ償却費になります。

先ほどの２００万円の車を例にとって、ご説明しましょう。

２００万円の車の耐用年数は6年ですので、定率法での償却率は0・333になります。なので、最初の年は２００万円×０・３３３で、66万６０００円が減価償却費として計上できます。

そして、この車の取得価額２００万円から減価償却費66万６０００円を差し引き、その残額１３３万４０００円が、１年目の残存価額ということになります。

次の年は、この残存価額１３３万４０００円を基準にして、減価償却率をかけ減価償却費を計算します。

それを毎年繰り返すのです。

が、定率法の場合、残存価額に償却率をかけて算出するものなので、いつまで経ってもゼロにはなりません。

そのため、そして、定率法には保証率というのがあって、保証率を下回った場合は、改定償却率を使って償却できることになっています。

耐用年数６年の場合の保証率は、０・０９９１１となっているので、２００万円×０・０９９１１で、残額が19万８２２０円を下回った場合は、その年から改定償却率を使って均等償却することになっています。この辺のことは、若干難しいので不明な場合は税務署に問い合わせてください。

定率法の償却率（耐用年数10年まで）

耐用年数2年	償却率1・000
耐用年数3年	償却率0・667
耐用年数4年	償却率0・500
耐用年数5年	償却率0・400
耐用年数6年	償却率0・333
耐用年数7年	償却率0・286
耐用年数8年	償却率0・250
耐用年数9年	償却率0・222
耐用年数10年	償却率0・200

中古の高級車を買うとさらに節税になる

車の減価償却にはちょっとした裏技があります。

というのも、中古車を購入すれば、非常に効果的な節税になるのです。

中古資産の耐用年数というのは、次のようになります。

法定耐用年数－経過年数×0・8

＊端数は四捨五入

となると、4年経過した中古車の場合、法定耐用年数は6年で経過年数が4年なので、

法定耐用年数6年－経過年数4年×0・8＝耐用年数2年

（端数を四捨五入して）

となります。

なので中古車の耐用年数は次のようになります。

1年落ち　耐用年数5年

2年落ち　耐用年数4年

3年落ち　耐用年数3年
4年落ち　耐用年数2年
5年落ち　耐用年数2年
これ以上古いもの　耐用年数2年

つまり、4年経過中古車の耐用年数は2年というわけです。中古資産の耐用年数は最短で2年なので、4年以上経過していたとしても、耐用年数はこれ以上短くなりません。ということは、4年経過以上の中古車の耐用年数最短となるわけです。

耐用年数が2年ということは定額法でやったとしても1年間に購入費の半分を減価償却費に計上できます。また定率法では、耐用年数2年で、決算後最初の1カ月目に購入した場合は償却率が1・00です。つまり中古であれば、最大購入費の100%が減価償却できることになるのです。

たとえば4年落ちの200万円の外車を買った場合、定率法をとっていれば償却率は1・00なので、計算式は次の通りになります。

200万円×1・00＝200万円

つまり、年初に購入した場合、1年目で全額を減価償却費に計上できるのです。年度の7カ月目で買ったとしても、半分の100万円を減価償却費として計上することができます。というように一挙にたくさんの経費を計上したい、というときには、4年落ちの外車などはうってつけのアイテムといえるのです。

出費より多く経費が増やせる

中古の高級車が、節税アイテムとしてすぐれている点は、ほかにもいろいろあります。ローンでこれを買えば、最初の数年間は出費以上に経費を計上できることもあります。

たとえば、もし4年落ちの中古BMW600万円を、6年のローンで買うとします。便宜上、利息はつけずに考えれば、1年間にローンで支払うお金は100万円です。でも、決算後の最初の1カ月目でなくても減価償却費は2年間で全部計上できるので、1年あたりの減価償却費は３００万円です。

つまり、購入１年目は１００万円しか払っていないのに、３００万円を経費に計上できるのです。もちろん、減価償却が終われば、それ以上は、経費計上はできませんので、そういう美味しい状態は最初の２年間だけです。

資金繰りはよくないけれど、利益だけは出ている会社や、急に儲かって、とりあえず当面の利益を減らしたいような会社には、うってつけの節税策だといえます。

また中古高級車の利点は、ほかにもあります。

車の価値があまり下がらないということです。

高級車、特にＢＭＷ、ベンツなどの高級外車の場合、中古でもそれほど価格は下がりません（日本の中級以下の車に比べれば）。

たとえば４年落ちの５００万円のＢＭＷを２年間乗ったとしても、まだまだ市場価値はあります。よほどのことがない限り、最低でも２００万円、状態がよければ３〜４００万円くらいの価格で売れるかもしれません。

でも２年間乗っていれば、帳簿上の価格はゼロになるのです。ということは、実際は２００万円から４００万円の資産を持っているのに、帳簿上には残存価格が１円残っていることになります。

いってみれば、「隠れ資産」ということです。

だからもしこの先、事業がうまくいかなかったり、資金繰りに行き詰っ詰ったりしたときには、中古高級車を売ればいいのです。つまり、節税にもなり、いざというときの資金にもなるということです。

安いベンツでも節税効果は大きい

これまでのところを読まれた方の中には「そんな500万円、1000万円もするベンツなんて買えない」と思っている人もいるでしょう。

でもご安心ください。

中古ベンツには、2~300万円のものもたくさんあります。100万円程度で買えるものもあります。そういう安いベンツでも、高いベンツと同じような高い節税効果が得られます。

たとえば、10年落ちの２００万円のベンツを買ったとしましょう。

これも耐用年数は2年なので、１年間で１００万円の減価償却費を計上することができます。

年度の途中、半年経過したときに買ったとしても50万円の減価償却費を計上できます。

これを5年ローンで買ったりしたならば、1年間に出て行くお金は20～30万円で済みます。

「ちょっと今年は儲かったので税金が心配だ」

などという方、プチ税金問題を抱えている人には最適な節税策だと言えるでしょう。

同じ２００万円で、新車を買ったときと比べてみれば、その差は歴然としています。

２００万円の新車は、耐用年数が６年ですので１年間で減価償却できるのは30万円ちょっとです。

年度の途中、半年経過のときに買ったような場合は、10数万円しか減価償却費を計上できません。

しかも、ベンツの場合、10年落ちの２００万円のものでも、4～5年乗ったところで、まだ１００万円以上の価値があるものです。２００万円の日本車を4～5年乗れば、50万円くらいになってしまいます。

資産価値としても、大きな差があるわけです。

スポーツカーも事業の経費で落とせる？

この高級中古外車を使った節税策は、中古ベンツ以外でも高級外車、ロールスロイスとかBMWなどでも使えます。

どういう車を買ったときに節税になるかというと、法定耐用年数よりも長く使えるものです。そして長く使っても資産価値があまり落ちないものです。

そういうものを探し出せば、中古ベンツと同じような節税効果が得られるのです。だから外車に限らず、日本車であっても長期の使用で資産価値の下がらないものであれば、使えます。

また2ドアのスポーツタイプの高級車も使えます。

スポーツカーというと、男性にとってはロマンのあるものですが、趣味の世界のものという印象があります。これを事業の経費で落とせるなどということは、到底、思えないはずです。

事実、税理士の多くも、「スポーツカーを事業の経費で落とせるか」と聞けば、ノーと答えるはずです。

しかし、スポーツカーの購入費が事業の経費として認められた例が実際にあるのです。

税務の世界では、こういう都市伝説があります。

「2ドアの車は会社の経費（社用車）にはできない」

と。これは実は誤解に過ぎません。

2ドアというと、スポーツタイプの車であり、「カッコいい車」であり、常識的に見れば事業に使えるものとは言えません。だから、こういう都市伝説が生まれたのです。

10数年前、『なぜ、社長のベンツは4ドアなのか？　誰も教えてくれなかった！　裏会計学』（小堺桂悦郎・フォレスト出版）というビジネス書が大ヒットしましたが、実はこの本はこの誤解に基づいて書かれたものだったので、内容的にはウソだったのです。

2ドアの車というのは、後部座席にお客さんを乗せることができません。事業用の車というものは、お客さんを乗せるためにあるのだから、2ドアの車は社用車にはできない、というのがこの都市伝説の根拠です。

でも、裁判の判例で、この都市伝説は明確に覆《くつがえ》されているのです。

ある社長がスポーツタイプの2ドアの車を社用車とし、税務署はそれを否認したために、裁判となりました。この社長は、2ドアの車を、出勤や出張の際に使っており、「会社の業務で使っているのだから社用車として認められるべきだ」と訴えたわけです。

そして、判決ではこの社長の言い分が通ったのです。この社長は、プライベート用に別の車を持っており、この2ドアの車は会社のために使っているということが、はっきりしたからです。

税務署は、「2ドアの高級車を会社の業務で使っているわけはない」「ほとんどプライベートで使っているはずだから、会社の金で買うのはおかしい」という主張でした。

でも、この社長は、きちんと会社の業務で使っているということが客観的にわかったので、社長の言い分が認められたのです。

つまりは、2ドアの車であっても、事業の業務で使用してさえいれば、立派に社用車として認められるわけです。

だから車好きの事業者の方などは、事業で儲かったときには、2ドアの高級車を買ってみるのはアリなのです。

第6章

消費税とインボイス制度に要注意

消費税を知らないと大変なことになる！

ひとり社長にとって、負担の大きい税金は法人税や所得税ばかりではありません。消費税も大きな負担です。特に、2023年からはインボイス制度がはじまり、これまで納税義務がなかった零細事業者も、事実上、消費税を払わなければならなくなってきました（詳細は後述）。消費税のことも研究しておかないと、大変な目にあってしまうのです。

ここでまず、消費税の仕組みをご説明したいと思います。

日本で生活している人ならば、だれでも買い物するときに消費税を払っています。でも払った消費税は、レジから自動的に税務署に納付されているわけではありません。

事業者が一旦、消費税を預かり、1年分の消費税を集計して納付しています。これは物を売っているお店だけの話ではありません。サービス業、製造業など、ほとんどすべての業種で、売上金を受け取るときに同時に消費税を預かり、税務署に納付することになっているのです。

だから、事業をしている人は、だれでも消費税を納付する可能性があるのです。もちろん、ひとり社長の会社もそうなります。

この消費税の納付は、年間売上1000万円以下の事業者は免除されていました。

しかし、この「1000万円以下の事業者の免税」が、インボイス制度によって骨抜きにされ、売上1000万円以下でも大半の事業者が消費税を納付しなければならなくなったのです（詳細は後述）。

ひとり社長の会社も、売上が1000万円いかないような会社も多々あったはずで、そういう会社はこれまで消費税の納付は免除されていましたが、インボイス制度によってそうもいかなくなってしまったのです。

消費税の納付額とは？

では次に、消費税の納付額の計算方法についてご説明しましょう。

消費税というのは、一般の人から見れば、物を買った時に10％払っているのだから、事業者はその10％分をそのまま税務署に納めているのではないか、という印象があります。

でも、そうではありません。消費税というのは、事業者が「売上のときに預かった消費税」から「仕入（経費含む）のときに支払った消費税」を差し引いた残額を納付することになっているのです。事業者は、売上のときに客から預かった10％の消費税をそのまま納付するわけではありません。事業者は、仕入れや様々な経費を支払うときに消費税を払っています。それを納付額から差し引くことができるのです。

つまり消費税の納税額というのは、売上のときに客から預かった「預かり消費税」から、仕入や経費の支払いのときに支払った「支払い消費税」を差し引いた残額ということになります。

預かり消費税－支払い消費税＝消費税の納税額

たとえば２０００円のシャツを一枚買えば、消費者は２００円の消費税を払わなくてはなりません。

しかし服屋さんは、この２００円の消費税を、そのまま納めるわけではないのです。服屋さんは、シャツを仕入れるときや、店の営業で様々な経費を支払っており、そのときに消費税を支払っています。水道、光熱費などにも、消費税がかかっています。

消費税というのは「消費者が負担するもの」という建前になっていますので、服屋さんが営業するときに「払った消費税」は、納付するときにすべて差し引くことができるのです。

2000円のシャツの原価を1200円としますと、服屋さんは原価に対して消費税120円を払っています。これを消費者から預かった200円の消費税から差し引きます。その差額の80円を、税務署に納付するというわけです。

中小企業が使える「簡易課税制度」とは？

このように消費税は「事業者が客から受け取った税額から、仕入れなどで支払った税額を差し引いた残額を納付する」というわけですが、支払った消費税をいちいち計算するのは面倒であり、中小企業には大きな負担です。とくに忙しいひとり社長にとっては、なかなかそこまで手が回らないことでしょう。その救済処置として、年間売上が5000万円以下の事業者には、「簡易課税」という計算方法が認められています。

簡易課税というのは、支払った消費税をいちいち計算せずに、「みなし仕入れ率」というものを使って、消費税の額を簡単に計算していいですよ、というものです。

みなし仕入れ率は、というのは業種ごとに仕入率があらかじめ決められており、支払い消費税の計算は、売上額にその仕入れ率をかければいいことになっているのです。

たとえば、2000万円の売上がある小売業者の場合を見てみましょう。

小売業者の「みなし仕入れ率」は80％なので2000万円の80％が仕入れとみなされます。つまり仕入は1600万円ということに、自動的に決められるわけです。

だから、売上2000万円のときの預かり消費税は200万円で、仕入れ1600万円の支払い消費税は160万円なので、差し引き40万円を納付すればいい、ということです。

数式にすれば次のようになります。

売上－（売上×みなし仕入率）×消費税率＝消費税の納付額

そして、業種ごとのみなし仕入れ率は次の表のようになっています。

業種ごとのみなし仕入れ率

簡易課税制度の事業区分

事業区分	みなし仕入率	該当する事業
第1種事業	90%	卸売業(他の者から購入した商品をその性質、形状を変更しないで他の事業者に対して販売する事業)をいいます。
第2種事業	80%	小売業(他の者から購入した商品をその性質、形状を変更しないで販売する事業で第1種事業以外のもの)、農業・林業・漁業(飲食料品の譲渡に係る事業)をいいます。
第3種事業	70%	農業・林業・漁業(飲食料品の譲渡に係る事業を除く)、鉱業、建設業、製造業(製造小売業を含みます。)、電気業、ガス業、熱供給業および水道業をいい、第1種事業、第2種事業に該当するものおよび加工賃その他これに類する料金を対価とする役務の提供を除きます。
第4種事業	60%	第1種事業、第2種事業、第3種事業、第5種事業および第6種事業以外の事業をいい、具体的には、飲食店業などです。 なお、第3種事業から除かれる加工賃その他これに類する料金を対価とする役務の提供を行う事業も第4種事業となります。
第5種事業	50%	運輸通信業、金融・保険業 、サービス業(飲食店業に該当する事業を除きます。)をいい、第1種事業から第3種事業までの事業に該当する事業を除きます。
第6種事業	40%	不動産業

インボイス制度の仕組み

消費税においては2023年10月から、インボイス制度が始まります。

インボイス制度というのは、事業者が消費税の仕入れ税額控除をする際に、支払った相手先から、消費税の税額の明細を記載された「適格請求書」というものを受け取らなければならない、というものです。

前にも述べましたように、事業者は「売上時に客から預かった消費税」から、「経費などの支払い時にすでに支払った消費税」を差し引いた残額を税務署に納付することになっています。

この「経費などの支払い時にすでに支払った消費税」を差し引く条件として、支払先から「適格請求書」を受け取らなければならないということになったのです。経費を支払っても「適格請求書」がない場合は、その分の消費税は差し引くことができないのです。

適格請求書には以下の項目が記載されていなければなりません。

1適格請求書発行事業者の、氏名または名称および登録番号
2取引年月日
3取引内容（軽減税率の対象品目である場合はその旨）
4税率ごとに合計した対価の額および適用税率
5消費税額
6書類の交付を受ける事業者の氏名または名称

ひとり社長に大打撃となる「インボイス制度」

そして、ここが一番重要なのですが、この「適格請求書」を発行するためには、「課税事業者」にならなくてはなりません。

先ほど述べましたように消費税には「免税事業者」という制度があります。前々年の課税売上が１０００万円以下の事業者は、消費税を納付しなくてもいいという制度です。

しかしインボイス制度の「適格請求書」は課税事業者でないと発行できないのです。

売上が1000万円以下の免税事業者は、「課税事業者ではない」ということになります。そのため、「適格請求書」を発行するためには年間売上が1000万円未満で本来は消費税が免税される事業者であっても、あえて「課税事業者」となり消費税を納付しなければならなくなるのです。

インボイス制度が施行されれば、事業者同士の取引では、必然的に相手先から「課税事業者」であることが求められるようになります。

一般の消費者を顧客としている事業者であれば、このインボイス制度はあまり影響を受けません。一般の消費者は、消費税の課税仕入れをしないので、「適格請求書」を要求することはありません。たとえば、タバコ店でタバコを買う一般の消費者は、「適格請求書」などは必要としません。

だから、そういう事業者は、売上が1000万円以下の場合は、課税事業者にならなくてもいいので、これまで通り消費税の免税を受けることができます。

しかし、一般の消費者ではなく企業を顧客としている事業者は顧客から「適格請求書」を要求されるようになります。たとえば企業がデザイナーに発注するとき、企業側は必ずデザイナーに「適格請求書」を要求します。該当するひとり社長は、準備をしておくべきでしょう。

このインボイス制度の導入で、もっとも大きな影響を受けるのは、ひとり社長の会社のような零細の事業者です。

インボイス制度というのは、ざっくり言えば、これまで消費税の納税を免除されてきた零細の事業者が、消費税を納付しなければならなくなるのです。実質的に「零細事業者への大増税」とさえ言えるでしょう。ひとり社長の会社もこの影響を受けるところが多いかと思われます。

適格請求書発行事業者になるには

インボイス（適格請求書）の発行事業者になるには、所轄の税務署に登録しなければなりません。まず税務署に申請書を出し、税務署が審査を行い、審査に通れば登録され登録通知書が送られてきます。ほとんどの場合、審査は通ります。

●インボイス制度の影響を受ける事業者、受けない事業者

	インボイス制度の影響を受ける業種	インボイス制度の影響をあまり受けない業種
業態	企業から仕事を請け負うフリーランサー、 企業と取引をする個人事業者	個人客相手のフリーランサー、 一般客相手の個人事業者
具体例	企業から仕事を請け負うデザイナー、専門業者 企業に商品を販売している小売業者、卸売業者、製造業者 企業が接待で使う飲食店など	個人客相手のデザイナー、 専門業者 個人客相手の飲食店、理髪店、 美容院

インボイス（適格請求書）発行事業者になるための手順

●2023年9月30日まで	●2023年10月1日以降
所轄の税務署に登録申請書を提出 ▼ 税務署から登録通知書が送付されずとも2023年10月1日からインボイス（適格請求書）発行開始	所轄の税務署に登録申請書を提出（提出日の15日以降に発行開始日を設定） ▼ 税務署から登録通知書が送付されずとも設定した発行開始日からインボイス（適格請求書）発行開始。開始日を設定していない場合は、登録通知書が送られてきてからインボイス（適格請求書）発行開始。

２０２３年10月１日のインボイス制度開始に間に合わせるためには、２０２３年９月30日までに申請を出さなくてはなりません。申請を出してから登録通知書が送られてくるまではタイムラグがありますが、今回に限っては申請を出していれば、インボイス（適格請求書）の発行はできることになっています。

２０２３年10月１日以降では、申請を出したとき、インボイスの発行開始日を自分で設定していれば（開始日は申請日から15日以降に設定）、その開始日からインボイスの発行ができます。

インボイス制度の経過措置

インボイス制度は、２０２３年10月から始まる制度ですが、中小事業者に負担が大きいということで、いくつかの経過措置が講じられています。

まずインボイス発行事業者以外からの仕入について、インボイス制度が開始されてからも、６年間は経過措置があります。適格請求書発行事業者以外からの仕入があっても、仕入れ控除をまったく認めないわけではなく、一定の割合で認めるというものです。

具体的には適格請求書発行事業者以外からの仕入（経費）があった場合、以下の割合で仕入控除できることになっています。

２０２３年10月1日～２０２６年9月30日まで　　80％

２０２６年10月1日～２０２９年9月30日まで　50％

中小事業者の1万円未満取引は適格請求者がなくてもいい

中小事業者は、２０２９年9月30日までは、「1万円未満の仕入はインボイス制度の対象外になる」という経過措置も講じられています。

具体的には、前々年の売上が1億円以下か、上半期の売上が５０００万円以下の事業者は、１万円未満の仕入については適格請求書の発行がなくても「仕入れ控除」ができるのです。

ただし２０２９年10月1日以降は、完全に「適格請求書発行事業者以外からの仕入があった場合、仕入れ控除は認められない」ということになります。つまり、２０２９年10月1日以降は、企業相手の事業者は適格請求書発行事業者にならなければならない、ということです。

免税事業者の納付額は預かった消費税の２割でいい

本来は免税となる事業者に対しては、２０２６年分の申告までは「納税額は売上税額の２割でいい」という経過措置も設けられています。

これはどういうことかというと、前々年の売上が１０００万円未満の事業者は、売上のときに預かった消費税の20％を納税すればいいという制度です。

簡易課税はインボイスでも使える

前にご紹介した簡易課税は、インボイス（適格請求書）の発行事業者も使えます。簡易課税の対象となる年間売上５０００万円以下の事業者は、インボイス（適格請求書）の発行事業者となっても、課税仕入の計算をするときには、これまでの簡易課税の方法をそのまま使うことができるのです。

消費税が還付される事業者もある

ところで消費税は、事業の内容によっては納付ではなく、還付になるケースもあります。

客から預かった消費税から、仕入れ時などに支払った消費税を差し引く納付計算で、稀に赤字になることがあります。つまり、消費者から預かった消費税よりも、経費支払い時に支払った消費税のほうが多い場合です。

そのときには、その赤字分が還付されるのです。

売上のとき預かった消費税－仕入などで支払った消費税＝納付消費税

この納付消費税がマイナスになったときには消費税が還付になるのです。

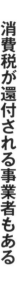

預かり消費税よりも、支払い消費税のほうが多くなるということは、売上より経費のほうが高くなることであり、そんなことはあり得ないだろうと思う方も多いでしょう。

確かに、普通は売上より経費の方が高くなるなんてことはあまりありません。

しかし、特別な場合にはありうるのです。

たとえば企業の創業時です。企業の創業時には、事業のために様々な設備を整えたりしなくてはなりません。いわゆる初期投資です。

どんな事業でも、最初は内装、施設の設置、備品の購入などで金がかかるはずです。その支払いのときには、当然、消費税が支払われています。

たとえば飲食店であれば、厨房設備、内装などに消費税がかかっているはずです。そのときの消費税も差し引くことができるのです。

そして、事業を開始したばかりのときは、売上はあまり上がらない場合が多いものです。そのため、売上のときに預かった預かり消費税よりも、支払い消費税のほうが大きくなるケースもあるわけです。

そういう場合には、消費税が還付されるのです。

たとえば、ある事業者では初期投資に５００万円かかったとします。それだけで、消費税は50万円も支払っています。

そして、その年の売上は３００万円でした。最初の年は売上が低くなりがちなので、こういうことは普通にあるはずです。となると、売上時に客から預かった消費税は30万円となります。つまり、売上のときの預かり消費税は30万円で、初期投資の支払い消費税は50万円です。差引すると20万円の赤字です。この20万円が還付されるというわけです。

ただし、消費税の還付を受けるには、消費税の課税事業者となっておかなければなりません。売上１０００万円以下で、課税事業者になっていない事業者は、還付を受けることができないので、要注意です。

第7章

脱税は無精者の犯罪

脱税と節税は紙一重ではない

「税金を安くしたい」

というのは、万人に共通する心情です。また、

「脱税と節税は紙一重」

ということも時々言われます。

が、税の専門家から言わせれば、脱税と節税の間には明らかな一線があるのです。

それは税の専門家じゃなくても、簡単に判別できます。「節税というのは合法的なものであり、脱税というのは非合法なものである」ということです。

賢い社長は、法律のギリギリをついて税金を安くします。「脱税する人というのは、節税をする知識やテクニックがないために、脱税をしてしまうのです。

本当に賢い社長というのは、税金に関して非常に渋いのです。

普通の経営者は、会社の利益を出すために頑張ります。会社というのは、形式上の目的

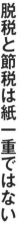

は「利益を出すこと」になっていますから、それはとても正しいことです。しかし、せっかく利益を出しても、その４割が税金に取られてしまうのです。

これは、経営者にとっては非常に痛いことです。

企業活動の中で、利益を倍に増やすということは、並大抵のことではありません。しかし、もし税金を払わずに済むならば、利益を二倍近く増やすのと同じことなのです。節税をするのとしないのとでは、企業経営の大変さはまったく違うのです。

賢い社長は、その点をしっかり認識しています。

だから、無駄な利益は出さないよう、つまりなるべく税金は払わなくて済むように、計算しているのです。

かといって、賢い社長たちが皆、税法を詳しく理解しているわけではありません。社長業というのは忙しいものですから、税金にことさらに時間をかけて勉強したりすることはなかなかできないのです。

彼らは、税法のうち、自分に役に立つものを巧みにピックアップして、その部分だけをしっかり研究しているのです。

税金をなるべく安くしたいというのは、経営者としては誰もが持っている考えです。「喜んでたくさん税金を払います」

というような経営者に、筆者は会ったことはありません。

ですが、経営者が皆、節税のポイントをしっかり押さえて、巧みな節税をしているわけではありません。

ほとんどの経営者は、日々の忙しさのため、なかなか税金にまで頭が回らず、決算が終わってから、税金の多さに愕然《がくぜん》としてしまうものなのです。そして、中には無理な節税（つまり脱税）に走る経営者もいます。

その点、賢い社長は、忙しい中でも、常に頭のどこかで税金を計算しています。そして、時間や手間をかけない、手軽で効果のある節税策を施しているのです。

脱税する人のパターン

筆者は、「脱税する人は無精者」と考えています。

というのも、実は、脱税の中でもっとも多いパターンは「駆け込み型」だからです。

駆け込み型とは、期末直前もしくは期末が過ぎてしまった後に、売上の先送りなどをして、利益を減らす、という脱税です。

これは期末になって決算書をつくったときに、思ったよりもたくさん利益が出ていた、このままでは多額の税金がかかってしまう、ということで、期末の売上の一部を先送りにしてしまうのです。

たとえば、建設業者のA社という会社があったとします。

この会社は、２０２０年３月期の利益が５０００万円も出てしまいました。この利益５０００万円に対して、２０００万円もの税金がかかってしまいます。経営者は、何としても減額したいと思いました。そのため、３月の売上６５００万円のうち、５０００万円を翌月の売上に先送りにしたのです。この工作により、原価を差し引いた２０００万円の利益を削ることができました。

これがオーソドックスな売上先送りの例です。

売上の先送りは、売上をまったく隠しているわけではないので、税務署に対して「ついつい、うっかりしていました」という言い訳ができます。

しかし、売上の先送りであっても故意にやった場合は、立派な脱税なのです。もし記録の改ざんなどがあった場合や、額があまりにも多すぎる場合は、重加算税が課せられることもあります。

重加算税というのは、罰金的な意味合いで課せられる税金のことで、金額は追徴税額の35％です（無申告の場合は40％）。

また税務署のほうも、企業が期末の売上を先送りしがちだということは重々承知なのです。税務調査の否認事項の半分以上が、売上先送りなのです。つまり税務署は、売上を先送りしていないか、ということをしっかり見張っているのです。

この脱税というのは、事前に自社の利益を確認していないから、してしまうものなのです。本当に賢い人というのは、事前に「自分がいくら儲かっているのか」ということを知って、いろんな手を打っているので、脱税はしないのです。

会社との金の貸し借りはやめた方がいい

中小企業の勘定科目に、よく社長勘定というものがあります。すべての会社が設定しているわけではありません。

社長勘定というのは、会社と社長の貸し借りを表したものです。

たとえば、社長が会社にお金を貸している場合は、会社の負債として社長勘定が生じます。

逆に社長が会社のお金を使って、そのまま清算がされていないような場合は、会社の社長に対する貸付金として、社長勘定が生じます。

ひとり社長の場合は、この社長勘定をやらないほうがいいのです。

というのは、社長勘定があると、いかにも「個人商店」という感じになってしまうからです。第三者から見ると、会社が社長から借入金があるのも、社長が会社から借金があるのも、会社と社長の関係が「なあなあ」というかルーズに映るわけです。特に、ひとり社長の場合は、会社と社長との金銭関係をきっちり分けておかないと、税務署からあらぬ疑いをかけられてしまいます。

社長から会社への貸付金は役員報酬を上げて、その分を借金返済に充《あ》てるなどをして、なるべく早く完済しておきたいものです。

また会社から社長への貸付金は、交際費などの清算が終わっていないケースが多いようですが、これも早く清算しておきましょう。

社長勘定は、ときどき課税漏れに結びつくこともあるのです。

たとえば、私が税務調査をした中に、こういう会社がありました。社長勘定が、社長の借越《かりこし》で毎年300万円くらいあるのです。でも、この会社、社長から利子をとっていませんでした。

社長が会社からお金を借りていた場合、市場相場並みの利子を取らなくてはなりません。が、この利子を忘れてしまっているのです。

筆者はこの点を追及しました。

私「社長勘定がありますが、利子はどうされています？」

顧問税理士「利子は取ってないよ。そこまで見るのは勘弁してよ」

私「いえ、これは税法で決まっていることですから、仕方ありませんね」

顧問税理士「そんな……」

この顧問税理士は、社長勘定は、単なる社長への仮払いとして放置してしまったようですが、仮払いであっても貸付金は貸付金です。利子はとらなければならないので、追徴課税をとったのです。

また、筆者の税務調査の場合は、利子分の課税漏れということで済みましたが、下手をすると、社長への貸付金を社長への報酬として加算されることもあります。長期間、社長への貸付金を放置しておけば、「それはもはや貸したのではなく、あげたもの」として処理されてしまうのです。

このように社長が会社と金の貸し借りをすると、ろくなことはないのです。

税務署はどういう会社を税務調査するのか？

会社が決算書をつくる目的の一つが、税務署に提出するためです。特に中小企業の場合は、税務署に見せるためだけに決算書をつくっている、ということも多いものです。

税務署は決算書の一体どこを見ているか、経営者の方々にとっては、非常に興味のあるところでしょう。

最初に言っておきたいのは、税務署というのは「儲かっている企業しか相手にしない」ということです。税務署はたくさんの税金を取るのが仕事ですので、必然的に儲かっている企業を相手にすることになるのです。

儲かっている人イコール脱税と結びつけるのは短絡的じゃないか？

儲かっているからって脱税しているとは限らないじゃないか？

と思われる方もいるかもしれません。

しかし統計的に見ると、人間は金銭的にはかなり短絡的な動物なのです。

儲かった人と儲かっていない人とを比べたら、断然、儲かっている人が脱税する割合が高いのです。特に、急に儲かった企業は、脱税をしている可能性が飛躍的に上がります。

だから、税務署はまず儲かっている企業に目をつけます。

それは決算書を見れば一目瞭然です。売上が急上昇している企業には、税務署は真っ先に目をつけます。

「非常に景気がよくなって、売上が去年の2倍になった」

そういう会社は、まず税務調査に入られると思ったほうがいいでしょう。

「大きな変動」がある会社は狙われやすい

前項では、税務署は儲かっている企業を優先的に調査すると述べました。

しかし、景気が非常にいい企業って、そんなにあるわけではありません。かといって、税務調査はしなければなりませんので（国の方針で決められているので）、税務署は決算書を見て、脱税をしていそうな企業、課税漏れがありそうな企業を見つけ出さなければなりません。

で、税務署が決算書をどういうふうに見るのか、ここでお話ししましょう。

税務署でまずチェックするのは、その企業の利益率です。

利益率というのは、売上に対する利益の割合です。これが同業他社と比べて大きければ問題ない、少なければ脱税しているかもしれない、となるわけです。

ただ税務署は、決算書一枚だけで、その企業の申告状況を判断することはあまりありません。決算書は、税務署に見せることを前提につくられています。当然、矛盾がないようにつくられています。だから、決算書一枚だけを見て、「間違い」や「不審な点」が見つかるわけはないのです。

では、税務署はどういう見方をするのか、というと、「通年で判断する」ということです。

決算書一枚一枚は、完璧につくられていても、それを数年分並べてみると、矛盾が出てきたりするものなのです。

脱税をしていれば、決算書に何らかの不自然な点があるものです。

単年では、その不自然な点はなかなか見えてきませんが、数年分を並べてみると、浮き出てきたりするものなのです。

たとえば、一昨年は1000万、去年は1600万、今年は2200万という具合に、売上は毎年急増しているのに、所得（利益）はずっと50万円くらいだったとします。これでは、利益率にもかなり大きな変動があるわけです。

こういう会社は、儲かっているけれども、なんらかの方法で利益を出さないようにし、税金を低く抑えていることが予想されます。

そのため、典型的な「脱税が疑われる会社」として、ピックアップされます。

またこれと似たようなものに、経費の中の一部分だけが急増しているものがあります。

たとえば、外注費が例年は４００万円なのに、今年だけ１０００万円を超えている、などという場合です。外注費が二倍以上になっているということは、利益を圧縮するために、架空の外注費を計上しているんじゃないか、という疑いが出てきます。

こういう決算書も税務署が好んでピックアップします。

税務調査のターゲットからはずれる方法

前項では、税務署は例年とは大きく違う決算書に目をつける傾向があるということを紹介しました。

しかし例年と違うからといって、脱税しているとは限りません。

れっきとした理由があって、例年と違う決算書になっているケースも多いはずです。というより、ほとんどの場合は、ちゃんとした理由があるはずです。

また利益率が、同業他社よりも低いからといって、これも脱税しているとは限りません。

その会社は、損を承知で売上をあげていた場合もあります。

そういう企業が、みすみす税務署から目をつけられ、調査に入られたのではたまったものではありません。

かといって、勘定科目の変動をわざと小さくすることもできません。

外注費が増えた場合は、外注費で処理するしかないのです。他の科目に入れ込んだりすれば、また別の矛盾が生じて税務署に目をつけられたりします。

税務調査というのは、非常に面倒なものです。なるべくなら入ってほしくない、いや、できるだけ入ってほしくない、というのが普通の経営者の本音でしょう。

特に、ひとり社長の場合、自分で全部、税務署の相手をしなければなりません。税理士がいたとしても、必ず会社側から経理のわかる人間を出さなくてはならないからです。

なので、なるべく税務調査を回避するため、決算書が例年と大きく違ったり、利益率が同業他社と違ったりしていても、税務署から目をつけられない（にくい）決算書、申告書のつくり方をここでご紹介しましょう。

方法は簡単です。

申告書には、会社の状況を書く欄があります。その欄に、自分の会社の事情「なぜそういう決算書になったのか」ということを、こと細かく記載するのです。もし欄に収まりきらなければ別紙に書いても構いません。

そして、なるべくたくさんの資料を用意して、その信ぴょう性を説明するのです。税務署に出す決算書には、添付してはならない資料などというものはありません。どんな資料でも添付していいのです。だから、いつもと決算書が違う理由をしつこいくらい丁寧に説明をして、税務署を説得してしまうのです。

税務署としても、無駄な税務調査はしたくないものです。

「こいつは脱税をしている！」

と踏んで税務調査に行っても、空振りだったら、これほど悔しいことはありません。

税務署のほうも、利益率が平均より低かったり、勘定科目に変動があったりしても、必ずしも脱税をしているとは限らない、ということくらい知っているのです。でも、事情がわからないので、とりあえず行って調べなければならないのです。

もし会社の詳しい事情がわかれば、その手間が省けます。だから、会社がそういう丁寧な資料を添付してくれれば、ありがたいはずなのです。

税務署の情報収集力をあなどるな

事業を始められたばかりで、まだ税務調査を受けたことがない経営者の中には、「ちょっとくらい税金を誤魔化したってわからないだろう」と思っている人もいるかもしれません。

確かに、ちょっとくらい誤魔化してもわからないケースもあります。

現金商売、特に飲食店などの場合は、売上金をちょっとポケットに入れてしまえば、それを発見するのはなかなか難しいものです（だから、そういう現金商売の方には、税務署は抜き打ち調査をしてもいいようになっているのです）。

けれど、現金商売ではない事業、領収書や契約書のやりとりのある商売をしているならば、税金をちょっと誤魔化すということは難しいのです。

なぜかというと、税務署はいろんな企業のところに税務調査を行います。調査では、調査対象の企業だけでなく、その企業の取引相手の情報も収集されます。

調査官たちは、いつ、どこで、だれとだれの間で、いくらの金が動いたか、という情報を収集し、税務署に持ち帰ります。その情報は、全国規模で集積され、分析、分類されて、関係する税務署に流されます。

つまり、税務署の調査というのは、その現場で行われる調査だけではないのです。全国の調査官が、情報を持ち寄って、共有しているのです。だから領収書のやりとりをしていれば、調査官の網の目にどこかで必ずひっかかることになります。

たとえば、沖縄の土産物業者が、北海道のデパートに商品を納入したとします。この土産物業者は、「北海道との取引だから税務署もわからないだろう」と思って、売上を除外しました。

しかし北海道の税務署の調査官は、北海道のデパートで情報収集しています。「沖縄の土産物業者が納入している」という情報も収集されました。この情報は、一旦、東京に送られ、整理された後、沖縄の税務署に送られます。

沖縄の調査官は、その情報を見て「この土産物業者は、北海道のデパートに納入しているはずなのに、売上の計上がないぞ」ということに気づき、メデタク「御用」ということになるのです。

だから、そうそう脱税などできるものではない、ということです。

税務署の弱み

前項では税務署の情報収集力の高さをご紹介しましたが、税務署には弱点もあります。

それは、「税務署というのは意外に立場が弱い」ということです。

税務署というと、「強い国家権力を持っている」という印象があり、税務署の言う事はなんでも聞かなくてはならないような気分になっている人も多いようです。

しかし、税務署はそんなに強いものではないのです。

日本は「申告納税制度」という税制をとっています。これは、「税金は自分で申告して、自分で納める」という制度です。

この制度では、市民の方々が申告したものは、原則として認めなければならないのです。明らかな間違いが判明したときにだけ、税務署は修正できるわけです。

この制度は、けっこう税務署にとっては不利なのです。

税務の世界というのは、あいまいな部分が多いのです。白か黒か、はっきりしないのです。でも税務署が修正できるのは黒の場合のみであり、グレーの場合はお咎めなし、というわけなのです。

たとえば、私が国税調査官をしていたころ税務調査でこういう会社がありました。

その会社は、建築設計をしていて、社員は社長一人と経理一人だけです。経理も奥さんがしていたので、典型的な家族会社です。

この会社の決算書を見ると、旅費がなぜかひときわ目立っていました。売上は１０００万円くらいなのに、旅費が２００万円もかかっているのです。

設計事務所というのは基本的に部屋にこもってやる仕事です。あまり出張などはないはずです。

詳しく調べると、この社長は夫婦でヨーロッパに2週間も旅行していました。経費は全部会社持ちです。子供もまだいないし、新婚旅行気分で、２週間も休みをとって旅行をしているわけです。

もちろん国税調査官としては、この旅費を否認しようと思いました。

でも、この旅行、「ヨーロッパ建築の視察」という立派な大義名分がついていました。

私が「視察旅行ならば、資料を収集しているはずでしょう？　それを見せてください」と言いますと、英語やフランス語が入り混じった膨大な書類をドスンと机に置かれてしまいました。

私は、チェックするふりをしてパラパラと書類をめくってみましたが、もちろん、何が書いてあるのかさっぱりわかりません。

結局、私はこの旅費を否認するのは諦めました。

このように「視察」という名目があって、それなりの証拠が残っていれば、その旅費を否認するのはなかなか難しいのです。

これは、どんな業種にも使えます。視察する材料なんて、世界中にいくらでも転がっているのです。

旅費に限らず、会社の経費のあらゆることについて、同様のことが言えるのです。

会社が事業の経費として計上したものについて、税務署は「明らかな間違いがあったとき」しか否認できないのです。「間違いかどうか微妙な部分」については、会社の申告のほうが認められるのです。

仮想隠蔽は絶対にダメ

ひとり社長の税務会計で、絶対してはならないことは、「言い訳のできないつくりごと」です。

税金を安くしたい、というのは、だれもが持ちうる気持ちです。だから、節税をする分には、まったく構いません。むしろ、節税は精力的に行うべきです。

また、節税がエスカレートするというのも、無理からぬことであります。何度か触れましたように税法というのは意外にゆるくできており、節税をエスカレートさせても、それほど大きな危険はないのです。

ただし節税がエスカレートするときに、「言い訳のできないつくりごと」だけはしてはなりません。

「脱税は節税の延長」

などと言われることがありますが、税務のプロから言うならば、脱税と節税は明らかに違います。脱税というのは、あるものを隠したり、ないものをでっちあげたりするなどの工作をすることです。

節税を目いっぱいして、それが若干、法律の解釈からはみ出していた場合、それは「課税漏れ」ということになります。

でも、税金を安くするために何らかの工作をした場合は、それは不正とみなされます。この不正の額が大きくなったものが、「脱税」という犯罪になるのです。

たとえば、私が税務調査をした会社にこういうところがありました。

その会社は住宅関係の資材卸業を営んでおりました。資材卸業というのは、在庫がたくさんあります。前に紹介しましたが、在庫というのは、数や金額をちょっといじって少なく計上すれば、税金が安くなります。だから在庫が多い業種というのは在庫を誤魔化すということをよくやっているのです。

で、この会社の在庫表を見せてもらうと、明らかに数量が少ないのです。

仕入量と使用した数量を突き合わせれば、在庫というのは簡単に算出できます。その算出した数量と、この会社がつくった在庫表は明らかに違うのです。

仕入れ額から概算すると４００万円くらいは在庫があってもおかしくないのに、帳簿には300万円程度になっています。

その差額は100万円。

この会社の所得（利益）が100万円くらいなので、所得と同じくらいの金額を誤魔化していることになります。つまりは、本当は200万円の所得なのに、その半分の額で申告していたということです。

筆者は、この在庫表をつくった元になる資料を、出してもらいました。税務署に見せる在庫表というのは、税務署に見せてもいいようにつくられたものです。そうではなく、その前の段階の、在庫管理者がつくっていた在庫表を見せてもらったのです。

それには、毎日の正確な在庫数量が記載されていましたが、決算期の在庫数量は書き換えられていました。ということは、この会社は在庫表を書き換えて、決算書をつくっていたわけです。

この「書き換え」という作業をしていたために、この会社は「不正を行った」とみなされ、追徴税が35％割り増しで払わされました。

そして、この会社は「不正を行った」企業として、税務署に記録が残り、それ以降、重点的な監視を受けることになりました。

前述しましたように在庫の額というのは、計算方法によっても変わってきます。だから計算の過程で在庫の額が少なく評価したというのなら、まだ言いわけが利きます。「評価の解釈の問題」となるからです。

でも「書き換え」をしていた場合は、そうはいきません。「知らなかった」「勘違いしていた」などの言い訳が絶対にできないからです。

つまり、脱税とは「言い訳のできない工作をして税金を逃れること」なのです。それだけは、やってはならないことなのです。

大村大次郎（おおむら・おおじろう）

大阪府出身。元国税調査官。国税局で10年間、主に法人税担当調査官として勤務し、退職後、経営コンサルタント、フリーライターとなる。執筆、ラジオ出演、フジテレビ「マルサ!!」の監修など幅広く活躍中。主な著書に『金持ちに学ぶ税金の逃れ方』『18歳からのお金の教科書』『改訂版税金を払う奴はバカ!』『完全図解版あなたの収入が3割増える給与のカラクリ』『億万長者は税金を払わない』『完全図解版相続税を払う奴はバカ!』『税務署対策最強の教科書』『消費税を払う奴はバカ!』『完全図解版税務署員だけのヒミツの節税術』『完全図解版あらゆる領収書は経費で落とせる』（以上、ビジネス社）、『「金持ち社長」に学ぶ禁断の蓄財術』『あらゆる領収書は経費で落とせる』（以上、中公新書ラクレ）、『会社の税金元国税調査官のウラ技』（技術評論社）、『税務署・税理士は教えてくれない「相続税」超基本』（KADOKAWA）、『起業から2年目までに知っておきたいお金の知識』（かや書房）など多数。

ひとり社長の税金を逃れる方法

2023年9月3日　第1刷発行
2023年11月14日　第2刷発行

著　者　大村大次郎

発行人　岩尾悟志
発行所　株式会社かや書房
〒162-0805
東京都新宿区矢来町113　神楽坂升本ビル3F
電話　03-5225-3732（営業部）

印刷・製本　中央精版印刷株式会社

ISBN978-4-910364-36-0 C0033